La Guía para Invertir que Cualquiera Puede Usar

Entendiendo como Invertir y Multiplicar tu Dinero Usando Lenguaje Sencillo y Fácil de Entender

JAMES BRION

LA GUÍA PARA INVERTIR QUE CUALQUIERA PUEDE USAR

LA GUÍA PARA INVERTIR QUE CUALQUIERA PUEDE USAR

© Copyright 2019 –James Brion- Todos los derechos reservados.

Este documento está orientado a proporcionar información exacta y confiable con respecto al tema tratado. La publicación se vende con la idea de que el editor no tiene la obligación de prestar servicios oficialmente autorizados o de otro modo calificados. Si es necesario un consejo legal o profesional, se debe consultar con un individuo practicado en la profesión.

- Tomado de una Declaración de Principios que fue aceptada y aprobada por unanimidad por un Comité del Colegio de Abogados de Estados Unidos y un Comité de Editores y Asociaciones.

De ninguna manera es legal reproducir, duplicar o transmitir cualquier parte de este documento en forma electrónica o impresa. La grabación de esta publicación está estrictamente prohibida y no se permite el almacenamiento de este documento a menos que cuente con el permiso por escrito del editor.

Todos los derechos reservados.

La información provista en este documento es considerada veraz y coherente, en el sentido de que cualquier responsabilidad, en términos de falta de atención o de otro tipo, por el uso o abuso de cualquier política, proceso o dirección contenida en el mismo, es responsabilidad absoluta y exclusiva del lector receptor. Bajo ninguna circunstancia se responsabilizará legalmente al editor por cualquier reparación, daño o pérdida monetaria como consecuencia de la información contenida en este documento, ya sea directa o indirectamente.

Los autores respectivos poseen todos los derechos de autor que no pertenecen al editor.

La información contenida en este documento se ofrece únicamente con fines informativos, y es universal como tal. La presentación de la información se realiza sin contrato y sin ningún tipo de garantía endosada.

El uso de marcas comerciales en este documento carece de consentimiento, y la publicación de la marca comercial no tiene ni el permiso ni el respaldo del propietario de la misma. Todas las marcas comerciales dentro de este libro se usan solo para fines de aclaración y pertenecen a sus propietarios, quienes no están relacionados con este documento.

TABLA DE CONTENIDO

1. Introducción..............................10
2. Capítulo 1: Invertir vs. Ahorrar 13
3. Capítulo 2: Por qué se recomienda empezar a invertir cuanto antes..............................23
4. Capítulo 3: Cómo hacer que tu dinero trabaje por ti …..…………………………..…..29
5. Capítulo 4: Algunos consejos básicos y los errores más comunes que debes evitar….…….42
6. Capítulo 5: El retorno de inversión (ROI) explicado………....……………………....59
7. Capítulo 6: La importancia de diversificar tu cartera de inversiones…………......67
8. Capítulo 7: Lo que debes entender sobre el riesgo……………………………………..75
9. Capítulo 8: Cómo elaborar tu plan de inversión…………………………………….84
10. Capítulo 9: Cómo seleccionar la mejor cuenta de inversión para ti……………….93
11. Capítulo 10: Lo que debes saber antes de hacer tu primera inversión………………..99

12. Capítulo 11: Invertir para la jubilación..103

13. Conclusión...............................132

Introducción

La inversión es una de las herramientas financieras más poderosas si lo que quieres es aumentar tus ingresos y generar riqueza. Contrario a lo que mucha gente cree, no necesitas ser rico (ni provenir de una familia que lo sea) para construir tu cartera de inversiones. El único requisito es que la persona interesada en invertir esté armada con la mentalidad y el conocimiento adecuados para empezar esta travesía. Con todas las opciones disponibles que existen en la actualidad, es bastante fácil encontrar el activo que se ajuste mejor a tus intereses, estilo de vida, y a las condiciones de tu bolsillo. Pero hay algo que es sumamente importante y que no debes perder de vista: invertir no es ni nunca será como apostar, y debe ser visto como un proceso a largo plazo que requiere de mucha planeación y paciencia, en lugar de una forma rápida de volverte rico.

Las inversiones son sin duda un tema complejo. Este libro no tiene la pretensión de brindarte toda la información que necesitas para dominar el tema y volverte un experto de las inversiones. Sin embargo, sí tiene el objetivo de orientar a los principiantes que están interesados en emprender este camino. Ciertamente, cuando de invertir se trata no existe tal cosa como una solución o estrategia única que aplique para todos los casos, pues todos tenemos un punto de inicio único con condiciones y necesidades particulares.

La buena noticia es que cuando hayas aprendido y perfeccionado los principios básicos de la inversión, estarás en el camino correcto para crear tu primera cartera de inversiones. En ocasiones, un enfoque simple termina rindiendo más frutos que las estrategias y metodologías más complejas.

La meta principal de este libro es mostrarte que invertir puede ser una actividad financiera tan simple y entretenida como tú quieras que lo sea, así como brindarte una introducción de calidad a los temas y conceptos básicos que todo inversionista primerizo debería conocer. Posteriormente, se recomienda que sigas explorando y aprendiendo sobre las opciones de inversión que más te interesen.

Gracias por leer. ¡Espero que disfrutes este viaje de aprendizaje!

Capítulo 1: Invertir vs. ahorrar

Entender la diferencia entre invertir y ahorrar es uno de los fundamentos clave para tener éxito en tus inversiones. Ambos procesos juegan un papel importante en el proceso de construir y asegurar tu futuro financiero, pero debes tener la capacidad de distinguirlos entre sí para saber cuándo te conviene más ahorrar, y cuando te conviene más invertir.

La principal diferencia entre ambos se encuentra en la relación entre riesgo y recompensa. Por lo general, ahorrar no implica asumir ningún riesgo, y por lo tanto su rendimiento es bajo. En el caso de la inversión ocurre lo contrario: si bien te permite obtener grandes ganancias y mayores rendimientos, siempre implicará asumir el riesgo de perder parte de tu capital, sino es que todo.

Para hacer más claras las diferencias, podríamos pensar ambos procesos en términos de aspectos como metas, el acceso al dinero, el ya mencionado riesgo, y los rendimientos. A continuación, los exploraremos cada caso con un poco más de detalle.

Ahorrar

En términos simples, ahorrar es el acto de guardar dinero para un gasto o necesidad futura. Cuando optas por ahorrar tu dinero, tienes en mente que podrás usarlo inmediatamente en caso de emergencia. Por ello, los productos bancarios son las herramientas de este proceso, tales como cuentas de ahorro, mercados monetarios y certificados de depósito.

Las metas asociadas con el ahorro suelen ser más pequeñas y a corto plazo, por lo general con miras a los próximos tres o cuatro años.

Ejemplo de ello sería planear unas vacaciones al extranjero o tener dinero para emergencias médicas. En esos casos, lo mejor es tener el dinero en una cuenta de ahorros para tener fácil acceso a él justo en el momento en el que lo necesites. En cuanto al rendimiento, sí puedes generar intereses resguardando tu dinero en una cuenta de ahorros, pero este será mucho menor que el rendimiento que podrían darte las inversiones.

Ventajas de ahorrar

- Los productos bancarios como las cuentas de ahorro te dicen anticipadamente cuánto estás pagando la cuenta, incluso si esa cantidad varía.

- Aunque los rendimientos sean menores, es muy poco probable que pierdas dinero.

- Los productos bancarios suelen tener alta liquidez, lo que significa que puedes retirar tu dinero cuando lo necesites, aunque podrías incurrir en una penalización si quieres acceder a un certificado de depósito.

- Ahorrar es generalmente sencillo y fácil de hacer, sin muchos costos. No necesitas cantidad exorbitantes para poder empezar a ahorrar.

Desventajas de ahorrar

- Los rendimientos son bajos, lo que significa que podrías ganar más invirtiendo (pero eso no garantiza que ganarás dinero con tus inversiones).

- Debido a que los rendimientos son bajos, podrías perder poder adquisitivo con el tiempo, ya que la inflación afecta tu dinero

Invertir

Ya se ha dicho que con las inversiones podrías generar rendimientos mucho mayores, a costa de asumir nuevos riesgos. Las inversiones sirven para alcanzar metas financieras a largo plazo. Un ejemplo de ello sería pagar la educación universitaria de tus hijos. Ten en cuenta que tus inversiones podrían apreciarse (es decir, subir de valor) con el tiempo, y esto aumentaría tu patrimonio neto, es decir, el valor de tus activos (lo que posees) menos tus pasivos (lo que debes).

Ventajas de invertir

- Los productos de inversión, como las acciones, pueden tener un rendimiento mucho mayor, pero no sabrás cuánto ganarás o perderás en un período de tiempo determinado.

Las acciones pueden tener fluctuaciones muy distintas en poco tiempo, y no hay manera de tener certidumbre sobre su desempeño conforme pasen los años.

- Los productos de inversión pueden ser muy líquidos, con acciones, bonos y fondos que son fácilmente convertibles en efectivo en casi cualquier día de la semana. Sin embargo, esto no garantiza que se te devuelva el dinero que has invertido en estos activos.

- Si usted posee una colección de acciones ampliamente diversificada, es probable que con el tiempo supere fácilmente la inflación y aumente su poder adquisitivo. Actualmente, la tasa de inflación objetivo que utiliza la Reserva Federal es del 2 por ciento. Si su rendimiento está por debajo de la tasa de inflación, está perdiendo poder adquisitivo con el tiempo.

Desventajas de invertir

- Los retornos nunca podrán ser garantizados, y hay altas probabilidades de que pierdas tu dinero por lo menos a corto plazo, pues el valor de tus activos siempre estará en constante movimiento y fluctuación.

- Lo más conveniente es que dejes tu dinero en la cuenta de inversión durante al menos tres años, para que pueda soportar cualquier descenso a corto plazo. Generalmente, se recomienda que mantengas tus inversiones el mayor tiempo posible, y eso significa que no puedas acceder inmediatamente a ellas.

- Como algunos movimientos de inversión son complejos, es probable que en algún punto te convenga consultar con algún experto en finanzas e inversiones para continuar con tu estrategia, a menos que estés dispuesto a dedicar varias horas sobre la marcha para aprender a cómo invertir.

- Hay algunos honorarios y tarifas que tendrás que contemplar. Por ejemplo, las cuentas de corretaje podrían incluir costos por honorarios bastante altos. Del mismo modo, es normal que tengas que pagar para hacer operaciones financieras con una acción o un bono, aunque hay corredores que ofrecen operaciones gratuitas. Es posible que tengas que pagarle a un experto para que administre tu dinero si llegas al punto de operar con cifras bastante altas. Exploraremos más sobre este tema en un capítulo posterior.

- Acceder a tu dinero en efectivo es mucho más complicado si lo tienes en cuentas de inversión, y en ocasiones el proceso podría demorar días o semanas. No será tan fácil poner tus manos en él como podrías hacerlo con una cuenta de ahorros.

Entonces, ¿qué es mejor? ¿Ahorrar, o invertir?

La elección correcta dependerá de tu posición financiera actual, así como de tus necesidades y metas para el futuro. Ninguno de los dos es el mejor para todas las circunstancias, y no hay una fórmula que te ayude a elegir por cual debes optar. Hay, sin embargo, dos reglas generales con las cuales puedes guiarte:

- Si necesitas el dinero a costo plazo, digamos, dentro de un año más o menos, o lo necesitas para cualquier tipo de fondo de emergencia, entonces se recomienda que ahorres tu dinero.

- Si no necesitas tu dinero durante los próximos tres años o más, y tienes una tolerancia al riesgo que te haría soportar una pérdida completa de tu capital, entonces se aconseja que inviertas tu dinero.

Las inversiones son mejores para metas a largo plazo, pues intentarás hacer crecer tu dinero de forma más o menos agresiva. Dependiendo de tu tolerancia al riesgo, invertir en el mercado de valores, en fondos cotizados en bolsa o en fondos mutuos son algunas de las opciones de inversión que tienes a tu alcance.

Otro factor que debes tomar en cuenta es que si eres capaz de mantener tu dinero en inversiones por mucho más tiempo, podrás soportar los altibajos del mercado. Por lo tanto, invertir es la mejor opción cuando contemplas un largo horizonte de tiempo para cumplir tus metas financieras y no tienes una necesidad inmediata de acceder a tu dinero.

Capítulo 2: Por qué se recomienda empezar a invertir cuanto antes

Si la pregunta de por qué deberías considerar invertir ya ha rondado por tu mente, te adelanto que la respuesta es más sencilla de lo que te imaginas: la inversión puede generar riqueza. Por lo general, el proceso no es demasiado complejo pero sí muy satisfactorio, y una vez entiendes los fundamentos, no requiere de mucho tiempo ni de toda tu atención. Si optas por invertir en algo como la bolsa de valores, generarías un ingreso extra que podría servirte para jubilarte anticipadamente, costear tu educación, o para simples propósitos de esparcimiento y ocio. Claro, siempre está la opción de que heredes toda esa riqueza a tus descendientes en un futuro no muy lejano.

Antes de comenzar tu viaje en el mundo de las inversiones, conviene que tengas claridad en cuanto a las razones por las que quieres invertir, sea cual sea la razón. Porque ten en cuenta que si tomas dos mil dólares y los inviertes en la bolsa de valores, ese mismo dinero podría valer más de 30,000 dólares después de tres décadas si tuviera un retorno del 10% anual, lo cual suele ser el promedio. Puede que esta cantidad no sea suficiente para que te compres una propiedad en alguna isla paradisiaca, pero es un buen punto de inicio.

Ahora, lo cierto es que no todo el mundo cuenta con dos mil dólares disponibles para iniciar sus inversiones, pero hay algunas cosas pequeñas que puedes hacer todos los días para tener un buen comienzo si te encuentras en una situación nada privilegiada.

Por ejemplo, en vez de comprar café de tu cafetería favorita todos los días o comer en restaurantes, puedes preparar tu propio café y almuerzo y ahorrarte esos "gastos hormiga", que al largo plazo podrían traducirse en mil dólares al año que tienen la posibilidad de aumentar a más de un millón después de 4 décadas si seguimos con el ejemplo del rendimiento del 10% anual. Y si empezaste a invertir cuando tenías 20 años, entonces ese dinero sería suficiente para jubilarte sin preocupaciones.

¿Pero cómo es posible que el dinero aumente con el paso del tiempo? La respuesta está en algo llamado "interés compuesto", término que probablemente ya hayas escuchado. A Albert Einstein se le adjudica una cita que dice "El interés compuesto es la octava maravilla del mundo. El que lo entiende se lo gana, y el que no, lo paga". Ciertamente, el interés compuesto es una manera casi mágica de hacer crecer tu dinero con muy poco esfuerzo de por medio.

Pues bien, ¿qué es el interés compuesto? En términos simples, es cuando el interés en una suma de dinero genera interés, y el interés de ese interés genera todavía más. Para tener una idea más clara, exploremos qué es el interés simple y hagamos una comparación con el interés compuesto.

Con el interés simple, si tienes 100 dólares invertidos y tu tasa de interés es del 5% anual, al final del primer año tendrías 105 dólares, gracias a los 5 que ganaste. Al finalizar el segundo año, tus 105 se convertirían en 110 dólares, y así sucesivamente.

Tomemos ahora la misma cantidad pero con una tasa de interés compuesto del 5% anual. El primer año ganarías lo mismo que con el interés simple, y tus $100 dólares se convertirían en $105. Para el segundo año, tendrías $110.25, y para el tercer año, $115.76.

El beneficio más importante del interés compuesto es que, con el paso del tiempo, generas mucho más dinero en comparación con el interés simple. La regla del 72 es utilizada por lo inversionistas para determinar cuánto tiempo tomará en duplicarse su inversión sin tener que contribuir ni un centavo más. Para hacer este cálculo, toma la tasa de interés y divídela en 72. Esto te dirá aproximadamente cuánto tiempo tardará tu dinero en duplicarse. Siguiendo el ejemplo anterior, con una tasa del 5% anual, tu cantidad inicial tomaría aproximadamente 14 años en duplicarse.

Cuanto antes empieces a invertir, más beneficios recibirás en el futuro con el interés compuesto. Conforme pase el tiempo, tu dinero aumentará y seguirá aumentado. Piensa que tu dinero empieza como una pequeña bola de nieve, y termina convirtiéndose en una bola gigante después de varios años. Otro factor de suma importancia que debes considerar con el interés compuesto es la frecuencia con la que el interés se agrega a tu saldo. Evidentemente, mientras más compuesto sea, mejor será el retorno, pues crecerá con mayor rapidez.

El interés compuesto es también la manera en la que las compañías emisoras de tarjetas de crédito generan sus ganancias. Cuando el interés compuesto funciona en tu contra, puede tener consecuencias terribles de por vida. Imagina que no pagaste un crédito de 10,000 dólares. Al final del primer año del período de pago, si el interés era del 20%, estarías debiendo 12,000. Para el segundo año, tu deuda aumentaría a $14,400 y así sucesivamente. En no muchos años, la cantidad que debías inicialmente se habrá duplicado.

En términos simples y recordando la cita de Einstein, el interés compuesto puede ser una forma casi mágica de ganar dinero cuando juega a tu favor, pero es un arma de doble filo. Cuando lo tienes en contra tuya, puede arruinar tu vida financiera. El interés compuesto es la razón número uno por la que deberías comenzar a invertir tan pronto como puedas. Todos los días que hayas invertido son un día en el que tendrás al dinero trabajando para ti, asegurando poco a poco tu futuro financiero.

Capítulo 3: Cómo hacer que tu dinero trabaje para ti

Si has leído hasta este punto, es porque en verdad estás interesado en empezar a invertir. No es cualquier cosa, así que te felicito por dar el primer paso hacia un mejor futuro financiero. Si tomas las decisiones correctas y pones a los intereses compuestos a trabajar a tu favor, invertir puede ser la entrada a una vida de gran libertad financiera, que te permitirá dedicarle tu tiempo y tu atención a las cosas que más te importan, y no a cómo ganarte el pan de cada día.

En este capítulo, exploraremos la forma en que los inversionistas suelen comenzar su viaje.

Conforme entremos en detalles, abordaremos algunas de las opciones más comunes disponibles actualmente que te convienen más para iniciar. Ten en cuenta que al principio puede parecer un proceso desalentador, pero lo importante es que des ese primer paso, ya sea con 100 o con 20,000 dólares. Conforme pase el tiempo, quedarás sorprendido de cómo va creciendo tu dinero.

Paso #1: Investiga el tipo de activos en el que te gustaría invertir

Al invertir, se genera dinero gracias a la tasa de crecimiento compuesto a través de la adquisición de activos productivos, que están basados en alguna actividad. Por ejemplo, si adquieres una escultura de un artista famoso, esta no será un activo productivo porque no te generará dinero mientras tú seas su dueño. Claro que en el futuro podría valer más (o incluso menos), y podrías desplegar estrategias como abrir un museo y cobrar una tarifa de admisión para que el público la vea.

O en el caso de las casas, departamentos y propiedades similares, podrías generar dinero si optas por darlas en alquiler.

Existen distintos y muy diversos tipos de activos productivos, y cada uno tiene sus propias ventajas y desventajas. Al final del día, tu decisión dependerá de tus propias condiciones y recursos existentes, el conocimiento que tengas del proceso o actividad en cuestión, y tu tolerancia al riesgo.

Exploremos brevemente algunas de las opciones que podrías tener a tu alcance para empezar a invertir.

Equidad comercial. Si eres dueño de acciones en una compañía, recibirás parte de las ganancias o pérdidas generadas por la misma. La equidad comercial es uno de los activos más gratificantes para los inversionistas.

Como tal, puedes poseer acciones comprando un negocio o comprando específicamente las acciones si la empresa se cotiza en la bolsa. Invertir en un negocio puede ser un proceso que rinda muchos frutos, pero es igualmente riesgoso. Por ejemplo, piensa que hace años tenías equidad comercial en una empresa de alquiler de DVD y Blu-Ray bastante exitosa, pero que en años recientes los servicios de streaming aumentaron y la gente los ha preferido. Como consecuencia de ello, tu compañía ha quebrado.

Los inversionistas sabios son conscientes de la importancia de la diversificación, pues es crucial tener las probabilidades a tu favor y reducir tu dependencia a un solo activo para que tengas más posibilidades de dar con la oportunidad de inversión que te cambie la vida.

Acciones. Comprar acciones te permite participar en el éxito de una compañía. Al comprar una acción, te vuelves dueño de una parte de una empresa pública.

Funciona de esta manera: los propietarios originales de la empresa venden el control de esta a los accionistas a cambio de fondos que les permitan hacer crecer la empresa, proceso conocido como oferta pública inicial. Después de esta oferta, los accionistas pueden revender las acciones en el mercado bursátil.

Los precios de las acciones fluctúan según la expectativa que se tenga de la ganancia de la empresa. Cuando los traders piensan que las ganancias de la compañía son altas, entonces aumenta el precio de las acciones. La otra forma en la que alguien que es dueño de acciones puede generar ganancias es si la compañía paga un dividendo, lo cual es decidido por la junta directiva de cada empresa.

Existen acciones comunes y acciones preferentes. El valor de las primeras depende del momento en el que sean negociadas. Los propietarios de este tipo de acciones en ocasiones podrían incluso tener voto en cuanto a las decisiones de las empresas.

Por el otro lado, las acciones preferentes tienen atributos de acciones y bonos comunes. Su valor cambia junto con los precios de las acciones comunes de las empresas. De manera parecida a los bonos, hacen pagos fijos, y por ello es que es en muy raras ocasiones que la gente opta por vender sus acciones preferentes.

Bonos. Los bonos son préstamos hechos a grandes organizaciones, que podrían ser corporaciones, ciudades, gobiernos, entre otros. Un bono es una gran parte de un gran préstamo. Debido a su tamaño, estas organizaciones piden dinero prestado de distintas fuentes. La organización que pide dinero prestado promete devolver el bono en una fecha determinada. Mientras tanto, la organización prestataria paga los intereses al tenedor de los bonos.

Hay dos maneras de generar ganancias con los bonos: La primera es recibiendo dinero a través del pago de intereses, y la segunda es revendiendo el bono.

Generalmente, los bonos se consideran más seguros que las acciones, porque puedes recuperar tu principal si eliges mantener el bono hasta que venza.

Bienes raíces. Este es el tipo de inversión más popular en la actualidad. Probablemente lo primero que venga a la mente de alguien que escucha inversión en bienes raíces es comprar una casa o departamento y darlo en renta para generar ingresos pasivos. Esa es una estrategia que si es bien planeada es casi infalible, pero existen distintas formas de ganar dinero al invertir en propiedades. Por ejemplo, desarrollar una propiedad y venderla para obtener ganancias, o comprar tierras y esperar algunos años hasta que aumente su valor. Los bienes raíces son bastante populares entre los inversionistas por lo fácil que resulta usar el apalancamiento. Por supuesto, esto es un arma de doble filo si la inversión tiene malos resultados, pero si se toman las decisiones apropiadas y con una correcta planeación, este tipo de inversión puede ayudar a alguien con poco patrimonio a acumular ganancias y generar riqueza con bastante rapidez.

Propiedades intangibles. Este tipo de activo es muy práctico porque si se gestiona bien, es casi un generador automático de dinero. Una propiedad intangible puede ser cualquier cosa, desde una marca registrada hasta regalías de música. Cuando inviertas en una propiedad intangible que tenga éxito, esta podría generarte dinero durante muchos años.

Productos básicos que producen bienes. Los bienes que producen productos básicos suelen involucrar bienes raíces, pero difieren en que estos producen o extraen algo del área, como en el caso de las tierras que se cultivan. O por ejemplo, si se descubre un yacimiento de petróleo en un terreno de tu propiedad, puedes generar mucho dinero extrayéndolo y vendiéndolo, o bien, rentándolo a una compañía de hidrocarburos.

Ahora que hemos explorado algunas de las opciones de activos más populares, el siguiente paso es que elijas cómo hacerte dueño de ellos.

Como ejemplo, tomemos la equidad comercial: tal vez hayas decidido comprar una acción de una compañía que cotiza en la bolsa. Posteriormente, podrías tener las acciones ya sea directamente o mediante una estructura agrupada. Veamos de qué tratan ambos formatos:

Propiedad absoluta. Con este tipo de propiedad, compras acciones de compañías individuales directamente y luego las ves en tu balance o en el balance de algo sobre lo que tienes control. Con respecto a los impuestos, hay muchas estrategias que podrías emplear con esta opción para que jueguen a tu favor. Sin embargo, la desventaja más grande de este tipo de propiedad es que tiende a ser más costosa y solo mejora cuando alcanza las cifras más altas, por lo general alrededor de los 200,000 dólares o incluso más allá. Por ello es que no es una opción que esté disponible para la mayoría de los inversionistas, sobre todo de aquellos primerizos.

Propiedad compartida. Con este tipo de propiedad, tu dinero se "combina" con el dinero de otras personas y la propiedad se compra mediante una entidad compartida. Los inversionistas que han acumulado riqueza terminan invirtiendo en fondos de cobertura. En el caso de los inversionistas que aún no poseen tanto capital, la única manera de comprar carteras diversificadas a precios accesibles es con fondos comerciados en la bolsa o fondos indexados. La mayor desventaja de este tipo de propiedad es que los inversionistas tendrían poco o ningún control sobre sus fondos. Sin embargo, hay distintos grupos, tales como los clubes de inversión, que emplean los fondos compartidos para invertir en acciones, bonos, entre otros activos. Este tipo de propiedad compartida ayuda a los inversionistas, pues se les considera los únicos titulares de la cuenta y les permite invertir en aún más acciones o activos.

Cuando hayas seleccionado la forma que te conviene más para hacerte dueño de los activos, el siguiente paso es que hagas un plan para mantenerlos.

Esto es de suma importancia, porque tus resultados podrían cambiar no solo tu vida, sino también la de tus hijos e incluso nietos. Al planificar cuidadosamente, sobre todo durante la fase inicial de la inversión, podrás generar más y más beneficios conforme pase el tiempo.

Exploremos las opciones disponibles:

Cuentas imponibles. Al elegir una cuenta imponible (por ejemplo, una cuenta de corretaje), tendrás que pagar impuestos sobre la marcha, pero con el beneficio añadido de que tu dinero no se verá restringido y podrás gastarlo como quieras. Podrías elegir comprar una villa en una isla paradisiaca o agregarle más dinero año con año y sin restricciones de ningún tipo. Si lo que buscas es flexibilidad, esta es la mejor opción, pero no olvides que tendrás que pagar los impuestos correspondientes.

Refugios fiscales. Si optas por esta opción, tendrás varios beneficios relacionados con los impuestos si decides invertir en cosas como un plan 401k para tu jubilación. Es bastante común que las cuentas de jubilación tengan protección ante la bancarrota, es decir que, si sufres un evento o situación que ponga en riesgo tu vida financiera, tu capital de inversión será intocable para los acreedores y seguirá bajo tu tutela. Algunas cuentas tienen restricciones en cuanto a los activos que protegen, así que siempre se recomienda que estudies a detalle los términos y condiciones. Generalmente, estas cuentas son diferidas de impuestos, lo cual implica que podrás aumentar el dinero en tu cuenta año con año, y solo pagarás impuestos cuando retires el dinero en el futuro. Un buen inversionista es consciente de la importancia de una planificación fiscal sólida, pues podría representar sumas de dinero significativas en el futuro.

Fondos fiduciarios. También puedes mantener tus inversiones en fondos fiduciarios y otros mecanismos de protección de activos.

Estos fondos son entidades legales que poseen propiedades para terceros, y son varios los tipos disponibles. Por lo general, son tres las partes involucradas: el otorgante, el beneficiario y el fiduciario. El primero es quien establece el fondo fiduciario y dona dinero o cualquier activo de valor al fondo, y también es quien elige los términos. El beneficiario es la persona para la cual se ha establecido el fondo fiduciario. Por su parte, el fiduciario puede ser un individuo, una institución o un grupo de asesores que tienen la responsabilidad de supervisar que el fondo cumpla con sus obligaciones según lo estipulado por el otorgante.

Capítulo 4: Algunos consejos básicos y los errores más comunes que debes evitar

En el mundo de las inversiones, hay ciertos fundamentos y principios básicos que son indiscutibles, y es sumamente importante que todos los inversionistas estén familiarizados con ellos. Exploremos a continuación algunos de estos fundamentos:

-**Diversificación.** Por lo general, cada tipo de inversión marcha a su propio ritmo, y un ejemplo típico de ello son los bienes raíces. En otras ocasiones, notarás que cuando los bonos estén arriba, las acciones también lo estarán. La regla de oro es no poner todos tus huevos en una sola canasta, pues hacerlo te hará correr el riesgo de perder demasiado si parte de tus inversiones resultan no ser tan exitosas como esperabas.

–**Conoce tu tolerancia al riesgo.** Todo inversionista debe ser consciente de cuál es su tolerancia al riesgo. Si eres capaz de continuar invirtiendo incluso después de tener grandes pérdidas, entonces podrían convenirte las inversiones más riesgosas. Pero si eres alguien que no soporta la idea de perder unos cuantos dólares, lo mejor es que te decidas por invertir en opciones lentas y constantes.

–**Planea de manera que tus inversiones sean automáticas.** En lugar de pensar frecuentemente en la cantidad de dinero que destinarás a tus inversiones mensualmente, planifica con base en una cantidad determinada de dinero y asegúrate de seguir con ese mismo plan. Al efectuar tus inversiones en piloto automático, evitarás lo que se conoce como parálisis del análisis y no frenarás tu progreso.

–**Cuentas de jubilación.** En ocasiones, las cuentas de jubilación ofrecen muchas ventajas con respecto a los impuestos.

Algunas de estas cuentas harán que el impuesto a la inversión inicial sea deducible. En otras cuentas, solo pagarás impuestos cuando retires el dinero en el momento que te jubiles. Hay otras más en las que el empleador iguala el dinero que tú como empleado deposites en tu cuenta de jubilación.

–**Mantente informado.** No dejes de investigar frecuentemente sobre posibles inversiones, y trata de aprender tanto como puedas antes de invertir grandes cantidades de dinero. Recurre a fuentes confiables que se mantengan actualizadas con las tendencias del mercado y la situación de la economía global. Es de suma importancia que te mantengas bien informado y al tanto de los movimientos que estás haciendo con tu dinero.

-**Invierte tan pronto como puedas**. Es de suma importancia reiterar esto. Cuanto antes empieces a invertir, menos dinero tendrás que aportar para alcanzar tus metas financieras si haces que el tiempo y los intereses compuestos jueguen a tu favor.

-**No intentes predecir los mercados**. Incluso para los expertos, es extremadamente difícil proyectar cómo se comportará el marcado en el futuro. Si quieres invertir regularmente para obtener más y mejores beneficios al largo plazo, debes ser consciente de que habrá altibajos y no hay forma de evitarlos. En lugar de intentar hacer estas predicciones, trata de invertir cada año o mes la misma cantidad de dinero. Un consejo general que aplica en la mayoría de los casos es que si un mercado está alto, optes por comprar menos acciones, y por el contrario, que compres más cuando se encuentre bajo.

-**No te frustres por los detalles insignificantes**. Es bastante normal que tus inversiones tengan movimientos de un día para otro. Cuando monitorees la actividad de tus inversiones, se recomienda que adoptes una mentalidad con perspectiva a gran escala. Es decir, que en lugar de preocuparte por los movimientos pequeños e insignificantes, intenta mantener la confianza y seguridad sobre la calidad de tus inversiones.

Claro, son muchos los traders activos que usan estas fluctuaciones a su favor para ganar dinero, pero como inversionista a largo plazo, tus ganancias deben provenir de movimientos que ocurren a lo largo de los años e incluso décadas. En lugar de perder el sueño por los detalles mínimos, continúa perfeccionando tu educación sobre las inversiones.

-**Evita perseguir cada tendencia.** Es muy posible que escuches a la gente que te rodea decir lo bien que les está yendo con un tipo X de inversión, y podrías sentirte tentado a invertir directamente en ella (porque, al fin y al cabo, el consejo tal vez venga de alguien en quien confías). Sin embargo, se recomienda que estés siempre al tanto de las razones por las que es buena idea hacer determinada inversión, y que hagas tu propia investigación y análisis del panorama antes de tomar decisiones contundentes. Claro que hay gente que invierte sin investigar y aún así gana dinero, pero eso es como hacer una apuesta. Actuar de esa forma y sin un plan en marcha no te convertirá en un inversionista que sea exitoso a largo plazo.

-**Analiza tu cartera**. Tal vez te sientas tentado a no revisar tu cartera de valores cuando te esté yendo bien, pero es de suma importancia que lo hagas regularmente. No olvides que tanto el clima económico como tus necesidades de dinero podrían cambiar de un momento a otro y sin previo aviso.

-**Ten una mentalidad a largo plazo**. Es difícil aceptar que, cuando se trata de inversiones, estamos intentando tomar buenas decisiones con base en situaciones de las cuales no estamos seguros.

Es cierto que podemos aprender mucho de datos y tendencias pasadas y utilizarlos como indicaciones de lo que podría suceder después, pero no hay una forma de predecir al 100% los resultados. Los inversionistas primerizos tal vez se sientan atraídos por las grandes ganancias a corto plazo, pero es crucial que adoptes una mentalidad a largo plazo y te olvides de querer hacer riqueza en el menor tiempo posible.

-**Ten una mente abierta.** Es probable que logres grandes inversiones con compañías ya conocidas, pero podrías ganar mucho más si optas por apoyar a las empresas pequeñas y emergentes. Muchas de estas tienen el potencial para convertirse en grandes jugadores en el futuro, pero a veces no cuentan con los fondos necesarios. Claro que esto no es lo mismo que sugerir que inviertas todo tu capital en estas pequeñas empresas, pero podría ser muy buena idea que las tengas en cuenta dentro de tu diversificación.

-**Compra cuando los demás estén vendiendo.** Gran parte de los inversionistas son empujados por dos cosas: el miedo y la codicia. Cuando hay un declive en el mercado, muchos inversionistas se asustan y cometen el error de vender. Esta es una mala estrategia porque en este punto es cuando la gente tiende a controlar sus pérdidas. Luego, cuando los mercados repuntan, esos mismos inversionistas vuelven a estar cerca del próximo pico del mercado. Este tipo de conducta hace que el inversionista promedio gane menos del 4% a largo plazo, mientras que otros podrían ganar hasta cerca del 10%.

Es relativamente sencillo aprovechar el miedo y la codicia que hace que esos inversionistas vendan cuando un mercado cae y compren durante los picos del mismo. La mejor forma de ganar dinero con estos comportamientos irracionales es que elijas una estrategia o plan de inversión y no te desvíes de ella.

Posteriormente, cuando el mercado caiga, compra más acciones y aférrate a ellas durante el siguiente mercado alcista. Procura no ser influenciado por la exageración y el pensamiento de las masas. Una cabeza fría, racional y calculadora es la mejor herramienta para obtener los mejores resultados en la inversión.

A continuación, revisemos los errores más comunes que cometen los inversionistas, y algunos consejos para evitarlos:

-**Invertir en algo que no comprendes**. Imaginemos que has escuchado cosas impresionantes sobre una industria de la que no conoces casi nada. Muy frecuentemente, los inversionistas destinan grandes cantidades de dinero a industrias en tendencia para luego darse cuenta del grave error que han cometido. Aunque es cierto que puedes ganar dinero participando en las nuevas empresas emergentes, considera la gran ventaja que te aporta entender realmente un negocio o actividad en comparación con la mayoría de los inversionistas.

Pensemos en el siguiente ejemplo. Si administras un restaurante, posiblemente ya estés familiarizado con la industria y las empresas involucradas en el buen funcionamiento. Tal vez veas las tendencias de primera mano antes que el resto del público, y por lo tanto, sabes cómo va la industria en general. Este conocimiento te permite detectar nuevas oportunidades de inversión y tomar buenas decisiones. En pocas palabras, el conocimiento de primera mano puede ser la diferencia entre ganancias y pérdidas.

Al invertir en una industria o actividad de la que sabes muy poco, puede que no entiendas las sutilezas que terminan siendo importantes y que brindan la información necesaria para tomar buenas decisiones.

Claro que no es necesario que seas médico para invertir en una empresa fabricante de insumos para la salud, pero tener una imagen clara de la industria y sus movimientos, y ser plenamente consciente de cómo le va en nuestra economía, será parte importante en el éxito de la inversión. Algo de lo que debes asegurarte, es de tener una ventaja sobre los demás inversionistas.

-Las acciones y las altas expectativas. Muchas personas perciben las acciones de bajo precio como boletos de lotería ganadores, y creen que pueden convertir fácilmente sus 400 dólares en una fortuna. Claro que esto podría suceder, pero jamás debería ser tu estrategia como inversionista. Es importante que tengas conocimiento del desempeño de las acciones.

No dudes en examinar el rendimiento de las acciones en el pasado, y cuál es el estado actual de los competidores de dicha industria en el presente. Es relativamente común que una acción actúe como lo ha hecho en el pasado, y posiblemente lo mismo suceda con la industria en la que estás pensando invertir.

-Invertir dinero que no puedes permitirte perder. Es un hecho que el estilo de negociación de las personas cambia cuando usan dinero que no pueden permitirse perder: sus emociones comienzan a influir en sus acciones, se sienten demasiado estresados, y toman malas y precipitadas decisiones. Jamás se aconseja que inviertas dinero que en verdad necesitas para otras cosas importantes y que no te puedes dar el lujo de perder. Cuando puedes arriesgar ese dinero, te sentirás relajado al tomar decisiones y no te verás influenciado por el miedo, el estrés, u otras emociones negativas que pueden afectar tu juicio.

-**Ser impaciente**. Tal vez ya has investigado sobre la industria en la que quieres invertir y has decidido utilizar una cantidad de dinero que estás dispuesto a arriesgar y en el peor de los casos, perder. Es muy común sentirte impaciente y tomar decisiones precipitadas que te podrían terminar costando cantidades significativas. Mucha gente olvida que las acciones están relacionadas con las empresas, y generalmente, las empresas operan lentamente, a veces más de lo que creíamos. Piensa que, cuando una empresa implementa una estrategia novedosa, podría llevar varios meses e incluso años antes de ver los resultados. Es usual que los inversionistas no consideren la línea de tiempo real en la que funcionan la mayoría de las empresas, y que compren acciones y esperen ver buenos resultados inmediatamente.

-**Aprender del lugar equivocado**. No olvides esto, pues te encontrarás sobre la marcha a una cantidad interminable de llamados expertos dispuestos a darte sus opiniones. Gran parte de lo que implica ser un buen inversionista es saber identificar las mejores fuentes y guías que te ayudarán a cumplir tus metas financieras.

Es triste pero cierto: por cada buen consejo, seguramente habrá otros 100 muy malos que no te llevarán a ninguna parte o, peor, que te harán retroceder.

Puede que después de ver o leer una entrevista a algún "experto" nos quedemos impresionados, pero esto no significa que sean autoridades en el tema y que sepan del o que están hablando. Por lo general estas personas sí comprenderán bien su tema, pero en ocasiones podrían equivocarse.

Una de tus metas como inversionista debe ser evaluar tus fuentes de información y determinar cuáles han demostrado sabiduría consistente y confiable. Además, cuando hayas identificado dichas fuentes, solo debes confiar en sus opiniones parcialmente y combinarlas con tus propios análisis antes de tomar cualquier decisión.

- **Promediar.** Esto se refiere a cuando los inversionistas cometen un error y luego intentan compensarlo. Imaginemos que alguien compra una inversión a 4 dólares y esta cae a 2 un par de días después. El inversionista intenta reparar ese daño comprando más acciones a 2 dólares.

Al final, este inversionista habrá comprado acciones a 4 dólares y luego otras a 2, por lo que su precio promedio por acción será menor. Puede que en teoría esto no se vea tan mal, pues hace parecer que las pérdidas no fueron tantas. Sin embargo, el inversionista en realidad habrá comprado una acción que perdió valor recientemente, y está invirtiendo su dinero en una operación perdedora. Por eso es que muchos inversionistas expertos dicen que promediar es similar a frotar sal en una herida grave.

Una mejor estrategia es comprar más acciones cuando notes que una acción se está moviendo en la dirección correcta.

-**Invertir con base en una investigación superficial o conceptos demasiado básicos.** Los inversionistas que han dedicado muy poco tiempo a investigar las industrias o actividades de su interés, suelen cometer errores que terminan siendo sumamente costosos. Si notas las señales de alerta y conoces a fondo cómo funciona determinada industria, es menos probable que te veas sorprendido por un evento que ponga en riesgo tus inversiones. Cuando conoces y entiendes los riesgos potenciales, y cuando sientes bastante seguridad sobre las tendencias de la industria en la que quieres invertir, entonces estarás en el camino correcto para tomar las mejores decisiones posibles.

Un error que muchos inversionistas cometen con frecuencia es encontrar una industria, actividad o empresa que parece estar yendo bien y empezar a invertir grandes sumas en ella. Un ejemplo son los autos eléctricos: su popularidad ha ido en aumento y así seguirá en los próximos años, por lo que algunos inversionistas podrían creer que es muy buena idea invertir en acciones de las empresas fabricantes.

Sin embargo, el proceso no es tan sencillo.

Si nos remontamos a principios del siglo XX, cuando el automóvil era un invento revolucionario que cambiaría para siempre el mundo moderno, notaríamos que existían casi 2 mil compañías automotrices en los Estados Unidos. Pero casi todas ellas desaparecieron, y muchos de sus inversionistas sufrieron grandes pérdidas.

Es bastante normal pensar que algo será una gran inversión solo porque parece una idea innovadora, y que en consecuencia su precio aumentará. Pero vamos: si invertir fuera tan simple, habría mucha más gente rica en este mundo.

Encontrar la cura para el cáncer y los autos eléctricos son todas ideas excelentes, pero las buenas ideas no son buenas inversiones por sí mismas.

Enfocarte en un concepto innovador es bueno, pero solo cuando también te enfocas en las mejores empresas relacionadas con dicha actividad. Una empresa de calidad debe tener atributos favorables, tales como una buena administración, mayores ingresos, y mayor participación en el mercado.

Todo inversionista cometerá algunos errores a lo largo de su trayectoria. A decir verdad, muchos de los inversionistas seguirán cometiendo los errores abordados en este capítulo. Por fortuna, siempre puedes usar lo aprendido de tus pérdidas para saber cómo evitarlas en el futuro.

Es un hecho que los errores son los mejores maestros que podemos tener, y el inversionista promedio sabe cómo aprender de sus errores y evitar trampas y malas negociaciones. Al ser consciente de los errores anteriormente mencionados, estarás automáticamente en una posición más favorable en comparación con la mayoría de los inversionistas.

Capítulo 5: El retorno de inversión (ROI) explicado

Es de suma importancia que todo inversionista sepa calcular el retorno de inversión (conocido por sus siglas en inglés, ROI) para evaluar de manera apropiada la inversión que quiere hacer. Sin importar el tipo de inversión que estés evaluando, es posible tener una idea de este retorno y dicha información será clave para tomar las mejores decisiones. Si bien el cálculo es hasta cierto punto universal, cada tipo de inversión tiene variables distintas que podrían afectar tus decisiones. En este capítulo, analizaremos los factores que debes tener en cuenta para analizar tu ROI, y así tomar decisiones más informadas.

Conceptos básicos

El ROI es un cálculo bastante simple. Para hacerlo, toma la ganancia de la inversión al final de tu marco de tiempo elegido, y luego resta el costo de la inversión. Posteriormente, divide el total por el costo de la inversión.

Sigamos este ejemplo. Imagina que quieres comprar una pieza de arte rara en una casa de subastas. Compras la obra de arte por 75,000 dólares y luego gastas 35,000 en trabajos de restauración. Después de aplicar honorarios y gastos por comisión, ganas 160,000 al venderlo. Para calcular el ROI, toma el monto neto (en este caso 160,000 dólares) y resta los gastos (es decir, 75,000 de la compra inicial más los 35,000 del trabajo de restauración). Con esta operación, obtienes 50,000 dólares. Si divides 50,000 por los 110,000 restantes, obtienes 0.45. Es decir, que en este ejemplo particular tendrás un ROI del 45%.

Como el retorno de la inversión es un porcentaje, tal vez te ayude mirar los rendimientos en términos de dinero. Imagina la siguiente situación: dos colegas de tu trabajo, Paul y Tara, están hablando de las inversiones que han hecho últimamente. Tara te dice que invirtió 100 dólares en acciones, y Paul invirtió 5000 dólares en una obra de arte coleccionable. Estos dos números son su retorno de la inversión. Tal vez parezca que Paul hizo una mejor inversión, pero sin tener el panorama completo, es difícil precisarlo.

Si no escucharas sus costos, ¿qué pasaría si la inversión inicial de Tara fuera de solo 40 dólares, mientras que la de Paul fue de 390,000 dólares? Esto querría decir que el ROI de Tara fue superior. El valor monetario de un retorno tiene muy poco significado si no consideramos los costos de inversión en la operación. Si no haces esto, no podrás tomar las mejores decisiones, así que nunca olvides incluir el costo inicial de una inversión, así como los costos continuos, en tus cálculos.

Una aproximación al ROI

La buena noticia es que la fórmula para el cálculo del ROI es la misma para cada tipo de inversión. El riesgo de tu inversión dependerá por completo de los costos y los rendimientos. Veamos algunos casos en los que es bastante común cometer errores en el cálculo del retorno.

Con los bienes raíces, hay dos fórmulas principales para el cálculo de los retornos. Generalmente, alguien alquila su propiedad o espera a que se aprecie para luego venderla a un precio más alto. Cualquier ingreso que generes por medio de ese alquiler debe ser agregado a tus ganancias generales. Los costos pueden ser diversos porque tienes que tomar en cuenta el mantenimiento, los impuestos, entre otros, además del costo inicial de la propiedad.

Un error que cometen muchos de los inversionistas en bienes raíces es decir que obtendrán un 15$ de rentabilidad cuando vendan la propiedad, considerando solo la inversión inicial e ignorando en el cálculo todos los otros costos que se acumulan con bastante rapidez. AL hablar de ingresos por alquiler, pueden ocurrir errores similares, pues se descuidan los costos de los seguros, pago de impuestos, entre otros.

Los bienes raíces tienen la posibilidad de ser una gran opción si se realizan correctamente, pero es fácil que las personas sin experiencia se confundan y tomen malas decisiones como consecuencia de no analizar el panorama completo.

Resulta interesante que los inversionistas tienden a estropear los retornos de las acciones de forma similar a los bienes raíces. Los costos más imprecisos tienden a ser tarifas de transacción.

Si no tienes en cuenta las tarifas de transacción que debes pagar al comprar y vender una acción, entonces puede que no estés calculando tu ROI correctamente.

Las obras de arte coleccionables o raras, tales como las tarjetas de béisbol, pueden venderse por cantidades de dinero estratosféricas. Tu ROI podría ser sorprendente si lo comparas con tu costo inicial. Sin embargo, es típico comprarlos a precios ya altos porque por lo general necesitan de algún seguro o mantenimiento. Y estos costos serán restados de tus ganancias.

Repasemos ahora brevemente las inversiones apalancadas. El apalancamiento es una estrategia de inversión bastante común que consiste en usar dinero prestado para maximizar las ganancias. Estas por lo general provienen de la inversión de dicho dinero y de los intereses asociados a él.

El capital en préstamo puede provenir de distintas fuentes. Este tipo de inversiones resultan particularmente interesantes al hablar del ROI, porque permiten que la inversión inicial se multiplique múltiples veces y por lo tanto también los retornos. Hay traders que logran retornos francamente increíbles, pero el nivel de riesgo que corren con este tipo de inversión se nivela.

Como podrás apreciar, el ROI es un cálculo simple que te permite conocer el retorno final de casi todas tus inversiones. Ahora bien, hay un factor que casi no se toma en cuenta al hablar de los retornos de la inversión, y este es el tiempo. Imagina que estás contemplando un par de inversiones y notas que tus ROI son en extremo diferentes: una inversión tiene un ROI del 400% mientras que la otra tiene un ROI del 50%. Parece sencillo, ¿no? Sería cuestión de elegir la primera inversión porque su retorno parece ser superior. Sin embargo, ¿qué ocurre si la primera tarda una década más en pagarse que la segunda?

No olvides que el ROI debe ser visto como un punto de partida fundamental para cualquier inversión. Si en tus análisis ya estás considerando todos los factores anteriormente mencionados, seguramente cuentas con una gran ventaja sobre los demás inversionistas y podrás tomar mejores y más informadas inversiones.

Capítulo 6: La importancia de diversificar tu cartera de inversión

Si eres cercano a algún inversionista, seguramente ya habrás escuchado el término "diversificación", que en palabras simples es lo mismo que decir "no pongas todos tus huevos en una sola canasta". En este capítulo, exploraremos el importante papel que juega la diversificación en tu cartera de inversiones, y las razones por las que es un aspecto fundamental que nunca debes olvidar. Veamos pues cómo puedes emplear la diversificación para que funcione en beneficio tuyo.

¿Qué es la diversificación?

El concepto básico de la diversificación es construir una cartera que tenga inversiones diferentes entre sí. La idea principal de esto es reducir el riesgo de pérdida. Imagina si tu cartera incluyera solamente acciones de una empresa, es decir, que su rendimiento dependiera 100% de esa acción. Si la empresa atraviesa por un mal momento o experimenta una desaceleración significativa, tu cartera podría verse dañada y terminarías perdiendo cantidades importantes de dinero. Si, en su lugar, optas por incluir acciones de tres empresas distintas en tu cartera, entonces estarías reduciendo la probabilidad de que una baja en el mercado te afecte.

Existen más formas de disminuir el riesgo en tu cartera de inversiones, por ejemplo, con los bonos y el efectivo. La mayoría de los inversionistas dedican mucho tiempo a pensar estrategias para sus carteras en relación con las acciones y bonos, pero olvidan pensar en cómo utilizar el efectivo de forma igual de estratégica.

El efectivo es importante porque lo puedes usar casi inmediatamente en caso de emergencia, o acceder rápidamente a él si te encuentras con una oportunidad de inversión relevante. Se recomienda que tengas parte de tus inversiones en efectivo.

Algo similar sucede con los valores del mercado monetario a corto plazo, pues puedes liquidarlos rápidamente si necesitas dinero ya sea para una inversión o un evento inesperado.

La diversificación y la asignación de activos son principios relacionados entre sí, y una cartera bien diversificada se construye con el proceso de asignación de activos. Al hacerlo, muchos inversionistas agresivos eligen una proporción de aproximadamente 75% acciones y 25% bonos, mientras que los inversionistas que son un tanto más cautelosos optan por lo contrario, es decir, 75% de bonos y 25% de acciones.

Sin importar lo que tú elijas utilizar, siempre puedes emplear la asignación de activos para mejorar tus probabilidades de éxito y reducir el riesgo al elegir la proporción entre bonos y acciones que sea más adecuada para tu situación. Las carteras de fondos mutuos que tienen una mezcla de bonos y acciones se consideran equilibradas. Un saldo así ayuda a diseñar una relación de riesgo-recompensa con la que puedes obtener una tasa de rendimiento según la cantidad de riesgo que estás aceptando. En este punto, seguramente ya sabes que mientras más riesgos tomes, mayores podrían ser los rendimientos obtenidos.

Pero si eres una persona con recursos limitados, o si prefieres escenarios de inversión que no sean muy complejos, entonces se recomienda que elijas un fondo mutuo balanceado y que inviertas todos tus activos en él. Estos fondos también son conocidos como fondos híbridos porque mantienen un balance entre dos clases de activos manteniendo proporciones de, por ejemplo, 60%-40%.

Este enfoque resulta demasiado simplista para muchas personas, y los inversionistas expertos o que poseen un gran capital inicial prefieren estrategias diseñadas para cumplir con requisitos más complejos, por ejemplo, reducir los impuestos a las ganancias de capital y crear flujos de ingresos significativos. Aunado a ello, al invertir en un fondo mutuo único, estarás diversificando tus inversiones al tener al menos dos clases de activos básicos como los bonos y las acciones, si bien tienes muchas más opciones.

Los bonos también ofrecen mucho para aquellos interesados en diversificar a corto o largo plazo, pues los inversionistas podrían seleccionar bonos municipales o bonos de alto rendimiento.

Toma también en cuenta que, aunque los bonos y las acciones son las opciones más tradicionales para crear una cartera, existen otros tipos de inversiones que podrían ayudarte aún más en la diversificación, como los fondos de cobertura, los bienes raíces, entre otros.

Muchos existen dentro de su propio espacio y no son afectados por los movimientos de los mercados tradicionales, y por eso mismo son una opción ideal para construir una cartera bien diversificada.

Algunas reflexiones finales sobre la diversificación

Como habrás visto, son varias las opciones disponibles para que diversifiques tu cartera. Puede que incluso pienses que la diversificación es un proceso simple, pero a decir verdad, es difícil tomar las decisiones correctas y eso también aplica en estos casos. Podría ser fácil perder el rumbo y que te diversifiques demasiado, lo cual podría tener efectos negativos y dañar tus inversiones. En el caso de las acciones, la mayoría de los expertos coinciden en que 20 es un número óptimo para una cartera diversa. Es decir que, si compras 30 o más acciones, probablemente podrías dañar tu inversión. Al diversificar excesivamente tu cartera, también disminuyen las posibilidades de que tus inversiones tengan gran impacto en tus ganancias.

No es raro que una cartera "sobrediversificada" empiece a comportarse como si fuera un fondo indexado.

Como inversionista, son varias las herramientas que tienes a tu alcance para construir una cartera diversa. Seguramente encontrarás algo que puedas adaptar a tus necesidades particulares.

Quienes no tengan suficiente capital, tiempo, o que simplemente no quieren dedicar demasiado tiempo pensando en estrategias para invertir, los fondos mutuos son la mejor opción, pues atienden varios tipos de estrategias de asignación de activos. Si lo que te interesa son los valores individuales, podrías encontrar bonos y acciones que cumplan con tus requisitos. Si en su lugar estás interesado en objetos coleccionables u obras de arte, podrías invertir en ellos y añadirlos a tu cartera de valores.

El hecho es que no hay un método de diversificación que funcione para todos los inversionistas. Cada inversionista tiene una tolerancia distinta al riesgo, así como metas financieras, marcos de tiempo, y experiencias financieras diferentes que determinarán la estrategia de diversificación que se quiera implementar. Si te interesa invertir en bonos y acciones, descubrir cuál es la combinación apropiada para tu cartera es un excelente paso inicial. Una vez lo hayas determinado, podrás decidir en qué tipo de activo seguir invirtiendo para tu propia estrategia de diversificación de cartera.

Capítulo 7: Lo que debes entender sobre el riesgo

No hay forma de evitar el hecho de que invertir es una actividad financiera que implica riesgos, y que estos a su vez pueden representar pérdidas monetarias significativas. Sin embargo, también es mucho lo que puedes aprender y obtener de ellos.

Los buenos inversionistas saben cómo evaluar las recompensas potenciales contrae el riesgo, y tomar buenas decisiones en función de este análisis. Entender el equilibrio entre el riesgo y las recompensas es crucial para empezar a formar tu propia filosofía (y posteriormente, estrategia) de inversión.

Gran parte de las inversiones, si no es que todas, tienen cierto grado de riesgo. Y por lo general, cuanto mayor es el riesgo, mayores son los posibles rendimientos. Hay sin embargo otro concepto que no debes perder de vista: cuanto mayor sea el nivel de riesgo, más difícil será que logres el mayor rendimiento posible. Para entender mejor esto, debes ser muy consciente de tu nivel de comodidad y tolerancia al riesgo; solo así podrás evaluar el riesgo relativo del tipo de inversión en el que estás interesado.

La mayoría de los inversionistas no tienen un panorama completo sobre el riesgo: piensan en este como una simple probabilidad de perder dinero al invertir, pero en realidad, esa es tan solo una parte de una imagen más amplia. Hay otros tipos de riesgos que un inversionista debe tomar en cuenta al evaluar un movimiento. Exploremos los más relevantes.

¿Perderé dinero con mis inversiones? Por supuesto, este es el riesgo más común.

Podrías hacer inversiones que garanticen que no perderás dinero, pero las posibilidades de obtener un ROI que valga la pena serán muy pocas. Piensa tan solo en los bancos de confianza de los Estados Unidos: si bien tu dinero se encontrará seguro, una vez que la inflación entre en efecto, tus rendimientos serán mínimos.

¿Podré lograr mis objetivos financieros? Son varios factores los que determinarán si lograrás tus objetivos, y estos son: la cantidad de dinero que hayas invertido, el período de tiempo que hayas invertido en el proceso, el ROI o crecimiento, los impuestos, los honorarios, la inflación, entre otros. Como ya se ha dicho, si no eres capaz de manejar el riesgo al invertir, terminarás con rendimientos bajos. Hay maneras de compensar esa tasa de rendimiento menor, por ejemplo, aumentando el tiempo en el que invertirás tu dinero. Para muchos inversionistas, una cantidad moderada de riesgo es aceptable, pues aumenta tus probabilidades de lograr rendimientos altos.

Si tienes una cartera diversificada con distintos grados de riesgo, estos tienen más oportunidades de darte beneficios en un mercado al alza, al tiempo que están protegidos de perder grandes sumas de dinero.

Mi disposición a aceptar un mayor riesgo. Los inversionistas deben conocer plenamente su tolerancia personal al riesgo y hacer de esta una parte importante de sus planes y estrategias de inversión. Si tu cartera trae consigo una cantidad significativa de riesgo, el potencial de grandes retornos será alto, pero también hay las mismas probabilidades de no tener éxito. Ningún inversionista debería estar constantemente estresado y ansioso cuando piensa en sus inversiones. No existe un estándar o regla que determine la cantidad apropiada de riesgo, pues depende de la experiencia personal de cada inversionista. Por lo general, los inversionistas jóvenes se permiten mayores niveles de riesgo que los veteranos, pues tienen más tiempo para recuperarse en caso de pérdidas fuerte.

Inversiones de bajo riesgo vs. Inversionistas de alto riesgo

Una inversión es considerada de alto riesgo cuando tiene una probabilidad alta de perder capital, cuando tiene un rendimiento nada óptimo, o si tiene aunque sea una pequeña posibilidad de grandes pérdidas. Cuando se habla de un alto porcentaje de capital perdedor, esto puede ser muy subjetivo. Piensa que alguien le dice a dos inversionistas que existe un 60% de posibilidades de obtener ganancias con X inversiones. El primero de ellos podría considerar que un riesgo de 40% es demasiado, pero tal vez el segundo piense que un 60% de éxito no suena nada mal. Por el contrario, si hay un 90% de probabilidad de que una inversión no gane capital, casi todos estarían de acuerdo en que el riesgo es demasiado como para valer la pena.

Tan solo una pequeña posibilidad de sufrir grandes pérdidas es suficiente para que muchos inversionistas no consideren hacer la inversión.

Imagina esto como ejemplo: las posibilidades de que alguien sea atacado por un gato en su vida son bastante altas, digamos que casi 30%. Pero las probabilidades de morir como consecuencia de dicho ataque son muy bajas, de menos del 1%. Pues bien, comparemos lo siguiente: las posibilidades de ser atacado por un gato grande, como un tigre o un león, son menos del 1%, pero las posibilidades de morir por ello son extremadamente altas.

Esto significa que los inversionistas no solo deben tomar en cuenta la probabilidad de tener un mal resultado, sino también la magnitud de este. Ser un inversionista de bajo riesgo significa que te estás protegiendo de las posibilidades de perder grandes cantidades de dinero, y de que tus pérdidas no tengan consecuencias significativas en tus metas financieras.

Pensemos en algunos ejemplos. Las acciones asociadas con nuevas tendencias tecnológicas tienden a ser sumamente riesgosas.

Es de esperar que la mayoría de las nuevas tecnologías experimentales no tengan éxito, y como consecuencia de eso, que las acciones vinculadas con estas también fallen. Recordemos el ejemplo anterior de los automóviles a principios del siglo XX y el hecho de que el 90% de las compañías automotrices de aquél entonces haya quebrado. En ese caso, las inversiones relacionadas con la industria automotriz eran extremadamente arriesgadas, pues había probabilidades altas de tener rendimientos inferiores. Cuando las acciones fracasaron, perdieron más del 90% de su valor.

Por otra parte, muchos bancos con buena reputación ofrecen un perfil de riesgo distinto. Hay pocas probabilidades de que un inversionista no reciba el interés de sus inversiones, incluso si los pagos se retrasan.

Los inversionistas también deben ser sumamente conscientes de la influencia que tiene la diversificación en su cartera de inversiones.

En términos generales, las 100 empresas catalogadas por Fortune como las mejores tienen acciones seguras que pagan dividendos, y debido a ello, después de algunos años sus inversionistas pueden esperar grandes rendimientos.

Si un inversionista ha destinado la mayor parte de su dinero a una sola acción, las probabilidades de tener un mal resultado son bajas, pero las consecuencias de esto podrían ser muy altas. Pero si tienes una cartera con 10 acciones diferentes, no solo disminuyes tu riesgo de un rendimiento inferior, sino que también disminuyes la probabilidad de que tu cartera total tenga un declive que pueda dañar tu vida financiera.

Algunas consideraciones finales al respecto

Depende de cada inversionista considerar su tolerancia al riesgo y ser flexible hasta cierto punto. Por ejemplo, la diversificación es un factor importante en el riesgo.

Tal vez tener una cartera con activos que en su mayoría son de bajo riesgo te brinde cierta seguridad, pero el riesgo sigue ahí. Del mismo modo, hay otros factores importantes que deben ser tomados en cuenta al hablar de riesgo, como los rendimientos esperados y el horizonte temporal. Recuerda que la regla general es que cuanto más tiempo pueda esperar un inversionista, más probable es que obtenga retornos que valgan la pena. En definitiva, existe una relación entre riesgo y rendimiento, y los que esperan rendimientos significativos deben lidiar con un mayor riesgo de que estos sean bajos. Otro factor sumamente importante es la capacidad de identificar las inversiones que tengan la mayor probabilidad de alcanzar o superar los rendimientos esperados, y el conocimiento sobre el panorama general de la industria en cuestión para saber hasta qué grado pueden salir mal las cosas.

Capítulo 8: Cómo elaborar tu plan de inversión

Para elaborar tu plan de inversión, lo primero que debes hacer es identificar la principal razón por la que quieres empezar a invertir. Cuando ya tengas este objetivo claro en mente, te será mucho más fácil seleccionar las opciones que tienes a tu alcance para llegar hasta ahí. Revisemos los cinco pasos que debes tomar para crear tu plan de inversión con mira a tus propias metas financieras.

Paso #1: ¿Cuál es tu meta principal?

Antes de elegir el activo en el que harás tu inversión, debes tener muy clara tu meta principal.

No olvides que las características más importantes son seguridad, crecimiento e ingresos. Elige cuál de ellos es el más relevante para ti y tu situación. ¿Lo que estás buscando es tener una nueva fuente de ingresos, conservar tu valor principal, o invertir a largo plazo para poder cosechar los beneficios en el futuro?

Otro factor que influirá en tu plan es la edad que tengas actualmente, pues cada grupo de edad tendrá necesidades distintas. Por ejemplo, si tienes más de 50 años, entonces te conviene tomar en cuenta tu jubilación al momento de hacer tu plan de inversión. Al hacer un plan con miras a tu jubilación, sabrás cuáles son tus fuentes de ingresos y tendrás una idea precisa de tus gastos. Esto también te ayudará a saber cuál es el mejor momento para usar tu dinero. Cuando tengas claro este marco de tiempo, podrás decidirte por inversiones ya sea a corto, mediano o largo plazo con mayor facilidad.

Paso #2: ¿Cuánto dinero puedes permitirte usar para invertir?

Si bien existen diversas opciones de inversión para una variedad de presupuestos, lo cierto es que muchas inversiones requieren cantidades mínimas para operar, así que determina la cantidad realista de dinero que tienes disponible para invertir antes de continuar. Algo más que debes considerar es si quieres invertir una cantidad específica y luego no volver a tocar la inversión, o si prefieres hacer contribuciones con periodicidad.

Encontrarás que hay fondos mutuos indexados que permiten que los inversionistas abran una cuenta con importes tan bajos como 3000 dólares, y que permiten la opción de programar contribuciones automáticas de incluso 50 o 100 dólares mensuales. Esto no implica ningún esfuerzo adicional de tu parte, pues ellos se asegurarán de que tus fondos sean transferidos de tu cuenta de ahorros a la de inversión.

Esto es similar a promediar en dólares, pues fijas una cantidad de dinero y la inviertes con la periodicidad que tú elijas.

Claro que, cuanto más dinero tengas a tu disposición para invertir, tendrás muchas más opciones y más ventanas de inversión. Cuando puedes operar con cifras más grandes, es más fácil que te diversifiques y minimices tus riesgos. Como se comentó en el capítulo anterior, una de las decisiones más importantes que debes tomar es elegir la proporción de bonos-acciones más apropiada para ti. También se aconseja que en este punto decidas si quieres la ayuda de un asesor financiero en la construcción de tu cartera de valores.

Paso # 3: ¿Cuándo necesitarás el dinero?

Es muy importante que establezcas un marco de tiempo al que puedas apegarte de forma realista.

Por ejemplo, si necesitas el dinero de la inversión para adquirir una propiedad en unos pocos años, tu plan de inversión tendría que ser muy diferente al de alguien que está invirtiendo para su jubilación y está contribuyendo a su plan de 401k mensualmente.

En el primer caso, te preocupa más la seguridad porque tienes un uso específico para el dinero (la compra de la casa). En el segundo, como estás invirtiendo para tu jubilación y estás todavía a varias de décadas de ello, no te importa mucho cuánto dinero habrá en la cuenta en tres o cuatro años. Tu preocupación es tomar decisiones que hagan crecer tu dinero y puedas alcanzar tu meta financiera cuando vayas a jubilarte. En muchas ocasiones, antes de ver un crecimiento significativo tendrías que ver tu dinero invertido durante al menos cinco años.

Paso # 4: ¿En qué nivel está tu tolerancia al riesgo?

Tal vez estás reservando dinero y prefieras caminar por la ruta más segura, o tal vez sientes que lo correcto es arriesgarte a perder tu dinero si la recompensa será mayor. Para continuar con tu inversión, debes ser plenamente consciente de tu tolerancia al riesgo, y no podemos dejar de reiterarlo. Además, no olvides diversificar tu cartera para hacer que el riesgo sea menor.

Sé cauteloso con construir una cartera que principalmente consista en inversiones de alto rendimiento. Es muy difícil que encuentres una inversión de bajo rendimiento y alto riesgo. Si dependes de tu dinero, lo mejor es que apuntes a rendimientos modestos en lugar de invertirlo todo.

Si te decides finalmente por los riesgos más grandes, piénsalo dos veces porque el mercado podría dar reveses y hacer que sufras pérdidas financieras de muchas cifras.

Paso # 5: ¿En qué activos deberías hacer tu inversión?

Muchos inversionistas primerizos se dejan llevar por el primer activo recomendado por familiares o amigos, o por el primero que capte su atención. Es mejor idea que hagas una lista diversa y extensa de opciones de inversión que podrían ayudarte a lograr tu meta financiera. Luego, haz una investigación exhaustiva para que puedas entender las ventajas y desventajas de cada una de tus opciones. Lo siguiente que debes hacer es reducir tus opciones a aquellas con las que te sientas más seguro y cómodo.

Ten en cuenta que hay ciertos activos que resultan mejores inversiones a largo plazo, mientras que otros son efectivos a corto plazo y requieren de la toma de riesgos.

Ejemplo de un plan de inversión

Meta financiera: ahorrar suficiente dinero para poder jubilarte a los 60 años.

Monto: inicialmente $70,000 y posteriormente $20,000 anual en un 401k.

Marco de tiempo: una vez cumplas 60 años, podrás retirar $15,000 cada año.

Tolerancia al riesgo: Moderada. Las inversiones enfocadas al crecimiento progresivo son ideales para esta meta, siempre y cuando al final de cada año puedas lograr el monto objetivo de $20,000.

Tipo de inversión: Los fondos mutuos indexados en el 401k probablemente sean tu mejor opción para alcanzar esta meta, pues suelen tener tarifas más bajas y son fácilmente ajustables aun plan de inversión general.

Cuando hayas construido tu plan de inversión, procura no desviarte de él. Tener un buen plan es tan importante como seguirlo para convertirte en un inversionista exitoso.

9 : CÓMO SELECCIONAR LA MEJOR CUENTA DE INVERSIÓN

un paso fundamental, pues no podrás empezar a invertir si no tienes una c
te interesa invertir en acciones, necesariamente debes contar con una.
drán diferentes mínimos de inversión y costos por comisión. Sin embargo, l
e también debes tener en cuenta, como tarifas inesperadas, servicio a
s, entre otros. Puede que lo que al principio parecía ser la opción más con
de inversión, te termine perjudicando.

os los pasos para seleccionar la cuenta de inversión que se adapte me
. En la búsqueda de tu primera cuenta, esto es lo que no debes perder de v

ad de dinero a tu disposición. Cada tipo de cuenta indica el capital mínir
sita para abrir una cuenta.

s de activos en los que estás interesado. Las acciones son a su ve
s y de inversión. Sin embargo, hay variedad en ellos. Comprueba con tu co
sponibles si estás interesado en invertir en un activo específico.

istas que hacen operaciones regulares.

d de servicio o atención al cliente que requerirás. Los inversionistas nova rse de tener herramientas, orientación y consultas con asesores financieros.

n adecuada es la plataforma para ti como usuario. Pondera si la platafo si los reportes periódicos son claros.

ras alguno de estos factores al momento de seleccionar una cuenta, po do en el futuro.

Derechos de inscripción

fas de inscripción y registro dependen de cada corredor y del tipo de cuenta a tarifa mínima de entre 500 y 3000 dólares es bastante normal para. En el caso de las cuentas de jubilación, podría haber tarifas reducidas o nu

, puedes encontrar un corredor que se ajuste a todos tus requisitos, pero p fícil pagar la tarifa inicial; si este es el caso, en lugar de buscar otro corredo más bajo pero que no se ajuste a tus criterios, sería mejor posponer tu inve as suficiente para abrir la cuenta.

la suposición de que puedes pagar la tarifa inicial sin problema.

ente, también te encontrarás con un mínimo de inversión que tendrás qu
sito. Esto suele ser bastante simple para los inversionistas bursátiles, pues s
cio de la acción en sí, además de la comisión. Lo mismo aplica para los inve
cotizados en la bolsa.

o de los fondos mutuos, el proceso es un poco más complejo, pues la versi
dría ir de 1600 a 2000 dólares. Una vez alcanzado este mínimo, podrían p
de menor cantidad.

Costos de negociación

inversionistas que optan por el estilo de comprar y sujetar podrían pagar m
, pues les permiten tener acceso a funciones y servicios valiosos para s
n embargo, los inversionistas primerizos que apenas están iniciando s
la deben planificar con miras a pagar mayores costos de trading más adelant
rfeccionado tu forma de invertir, el costo de las comisiones tendrá menos e
n.

ensando hacer trading regularmente (pensemos entre 8 y 10 operaciones
rioriza los costos de comisión reducidos.

aparenta ser baja, pero hay costos ocultos. Algunos corredores con comis
rán servicios valiosos, como una atención al cliente de buena calidad o alg
ita de investigación y análisis. También te encontrarás aplicaciones de tradi
pero ten en cuenta que sus servicios suelen ser muy básicos y pued
itos bajos. Servicios tan básicos como estos tienden a respaldar únicamer
impuestos, por lo que no aceptarán cuentas IRA.

s otras tarifas y costos que debes tomar en cuenta, están los honorarios adm
trimestrales del IRA (que por ejemplo, podrían aplicar cuando no se mantier
ido), tarifas por inactividad (es decir, que no alcances un número r
ines durante cierto período), o tarifas para informes específicos (algunos
iformes Premium que podrían costar hasta docenas o cientos de dólares).

aprovechar los bonos que puedas, pues pueden ser soluciones excelentes
stas que no quieren que sus depósitos iniciales se vean perjudicados por
Muchos corredores ofrecerán ofertas interesantes, como operaciones de tra
ones o créditos como recompensas al abrir una cuenta con ellos. El valc
le estar basado en el monto de la inversión inicial o podría tener requisitos
o pedirles a los clientes que programen depósitos automáticos. No te dejes
mo esas: lo que cuenta es el paquete general y cómo te rendirá este a largo

ma cuando estés seguro de que el corredor es el más apropiado para tus n
ón.

e cuentas de inversión se trata, un servicio al cliente de calidad puede hac
e incluso podría ahorrarles mucho dinero a los inversionistas primerizos
er esa primera operación puede ser un proceso de mucho estrés y aún más
án seguros de estar haciendo las cosas correctamente. Aunado a ello, tene
s a tu alcance no es muy útil cuando no sabes usarlas y no cuentas con la or

ecide el nivel de servicio al cliente y orientación financiera que mejor te co
el costo de adquirir ese soporte adicional (si es que tiene costo). Puede que
sistidas por corredores cuesten entre 10 y 50 dólares. Algunas empresas sol
liente por correo electrónico y por teléfono.

ceder al servicio al cliente de distintas formas, como a través del correo ele
o, teléfono, videollamadas, entre otros canales. Algunas casas de intercambi
ecerles a sus clientes consultas financieras en persona, e incluso organiza
narios y conferencias. Empresas en ese nivel podrían ofrecer sesiones de pru
ecidas por pagar sus servicios.

¿Qué tan complejo es el proceso de dejar de usar dicha cuenta?

l que los inversionistas novatos decidan cambiarse a una cuenta distinta cuar
xperiencia. No tienes que seguir usando una cuenta si encuentras otra que
necesidades de inversión.

que después de un tiempo te cambiarás a otro corredor, se recomienda que
uenta que te interesa, y que pidas información sobre sus comisiones por li
cia. Estas podrían oscilar entre los 20 y los 80 dólares, dependiendo de
i realizas transferencias parciales o completas. Mover dinero de una cuenta
s menos costoso que transferir tus inversiones a una cuenta tradicion
s.

10: CÓMO SELECCIONAR LA MEJOR CUENTA DE INVERSIÓN

ionistas novatos suelen preguntarse cómo crear la mejor cartera de inversió tú ya sabes que no hay una fórmula o una estrategia comprobada para hace onista tiene condiciones únicas, como el control de sus emociones, su tole apital inicial, entre otros factores. Lo que haya funcionado en el pasado amigos no necesariamente funcionará igual para ti. Y a decir verdad, la estr ie utilices en tus 30 puede que ya no te funcione a tus 40.

son algunas de las cosas que debes tomar en cuenta antes de hacer tu prin inversión:

a cómo se comportan los activos que te interesan. Es de suma importa uena estrategia de asignación de activos. Equilibrar las ventajas y las desve e activo en el que estás interesado será clave para que tomes las mejores de idamente cómo se comportan los activos que gozan de mayor popularidad

A largo plazo, se ha demostrado que las acciones han brindado histórica abilidad. Las acciones representan participaciones de propiedad en empr nes y servicios reales. Las acciones tienden fluctuar todos los días,

n acciones a largo plazo, es probable que veas disminuir tus adquisiciones h
ocasiones conforme pase el tiempo.

raíces: este tipo de activos suele ser muy bueno para mantener al largo plazo
nden a no aumentar más allá de la inflación. Claro que, si eres el afortunad
onde hay gran demanda y la oferta es limitada, y el crecimiento de la pobla
valor de tu propiedad podría superar incluso los movimientos de la infl
estás dando en renta tu propiedad, podría devolverte grandes ganancias
ahorrar o volver a invertir. También podrías usar un poco de apalanca
garantizadas si te sientes cómodo con ese tipo de movimientos, pues cada
e. Claro que, si las cosas empiezan a ir mal, tus finanzas podrían verse
das, pero un buen inversionista sabe cómo manejar estos riesgos.

La ventaja de los bonos es que tienen cierto mecanismo de seguridad en
cuánto bajen los precios, si la empresa tiene suficiente efectivo para cump
nes contractuales, sí podrás redimirlos. Por desgracia, el valor del dinero
á debido a la inflación, que podría acelerarse. En el caso de los bonos de ta
r catastrófico si están bloqueados durante más de dos décadas.

o: Es recomendable que incluyas una clase de activos en efectivo, pues po
ra comprar acciones, bonos y otros activos en los tiempos de crisis. La des
equivalentes de efectivo (como los depósitos bancarios) es que no suelen te
atos después de contabilizar la inflación, y en algunos casos incluso podr
oder adquisitivo.

Flujo de caja vs crecimiento a largo plazo

tipos de activos te brindarán ingresos que estarán listos para ser usados ho
ie otros solo te darán recompensas a largo plazo. Además, las empresas q
pueden usarse también para el largo plazo, pues puedes usar estos para ado
onforme pasen los años y se conviertan en décadas, este movimiento poc
rencia.

olo, en el campo de los bienes raíces hay proyectos que requieren de flujo o
ntidades para mantener la equidad, pero al final podrían dar un gran l
ue hay opciones donde la oportunidad de reinvertir es limitada, como
os del mar o un edificio que no tiene terreno para ser expandido o desarrolla
abitacional.

Considera tus necesidades personales de liquidez

z es un concepto que debe ser importante para los inversionistas, y debes
le es que necesites ese dinero invertido. Si tu marco de tiempo proyectac
s menor a cinco años, entonces no deberías invertir en tipos de activos
bienes raíces.

cabo, todo dependerá del precio que puedas obtener en ese momento y d
ones personales como inversionista.

Capítulo 11: Invertir para la jubilación

Sin importar la edad que tengas actualmente, es buena idea que en tu plan de inversión contemples tu jubilación. En la economía actual, y considerando las crisis que están por venir, son muy pocas las personas que tendrán el privilegio de contar con una pensión que se equipare a su sueldo. Los demás mortales tenemos que tomar cartas en el asunto y empezar a hacer los movimientos correctos apenas seamos conscientes de este hecho para poder asegurar nuestro futuro financiero y el de aquellos que dependan de nosotros. Lee este capítulo teniendo lo siguiente en cuenta: debes tratar tus movimientos para la jubilación como si se trataran de una inversión, que se podría argumentar será la más importante de tu vida.

Pero antes, debes responder algunas preguntas clave que te ayudarán a que el proceso tenga éxito.

1. ¿Cómo contemplas tu jubilación y qué prevés para ella?

Lo que se quiere indagar con esto es si imaginas tu vida como jubilado parecida a la vida que tienes ahora, o si esperarías que fuera una situación más cómoda. O de otra manera, tal vez quieras jubilarte anticipadamente, aunque eso implique que tu nivel de vida fuera un poco más bajo. Para esto no hay una respuesta correcta o incorrecta, pero imaginar tu estilo de vida futuro es un componente clave para responder a la otra gran cuestión, que es cuánto dinero tendrás que ahorrar.

2. ¿Cuánto ganas hoy en día?

Tus ingresos actuales son un punto de partida muy útil para calcular tus necesidades futuras, y así puedas crear una estrategia de inversión acorde a tu jubilación.

Lo más probable es que cuanto más ganes hoy, más ahorros necesitarás para tu jubilación, pues estarás acostumbrado a cierto estilo de vida que prevalece en la actualidad.

Pero si eres de los afortunados que no se encuentran en ese montón, entonces podrías tener una buena vida con menos ahorros. De cualquier modo, lo importante es que ahorres para luego poder invertir.

3. **¿Cobrarás algún otro beneficio, como Seguro Social o pensión definida durante tu jubilación?**

Estos pagos mensuales pueden restar sustancialmente la cantidad de la que dependerás en el futuro. Es buena idea que hagas los cálculos necesarios para esta estimación, y que los incluyas todos en tu plan de jubilación y necesidad de ahorros o rendimientos.

4. **¿Cuándo te jubilarás?**

Cuanto más joven seas al momento de la jubilación, mayor será el tiempo en el que tengas que vivir de acuerdo con tu plan. Esto también significa que tendrás que ahorrar o generar más dinero. Si esperas más tiempo hasta tu jubilación, vivirás jubilado por un período mucho más corto, pero eso también significará que trabajarás más años y que por lo tanto podrás ahorrar o generar aún más dinero. Lo cual nos lleva a la siguiente pregunta clave.

5. ¿Cuántos años planeas vivir como jubilado?

Esta es tan solo una forma más amable y gentil de hacer la pregunta más difícil: ¿cuánto tiempo planeas vivir? Según la esperanza de vida en tu región y tus propias expectativas de salud y longevidad, podrías pasar hasta 30 años o más en la jubilación. Hacer este cálculo te ayudará a estimar cuánto dinero necesitarás retirar año con año.

6. ¿Cómo invertirás tu dinero?

Si inviertes con un estilo de negociación más atrevido y agresivo, podrías esperar razonablemente una mayor tasa de rendimiento de tus inversiones. Esto significa que, en comparación con la mayoría de los individuos que dejan sus ahorros en una cuenta bancaria durante muchos años, tú tendrías que preocuparte por ahorrar una cantidad mucho menor.

7.   ¿Cuánto has ahorrado hasta el momento y qué edad tienes ahora?

Cuanto más joven seas y más hayas podido ahorrar, menos será lo que tengas que ahorrar en el futuro para alcanzar el mismo nivel de vida de jubilación de alguien mayor o con menos dinero ahorrado hasta ahora. Como dice el dicho, "a quien madruga, su dios lo ayuda", que es lo mismo que decir mientras más pronto empieces, mejor te irá.

Cómo calcular los números para tu jubilación

Los planes de jubilación más efectivos se centran en aspectos que van más allá de una simple fecha de inicio para la jubilación, sino que también establecen una cantidad de dinero que será tu objetivo financiero si quieres mantener cierto nivel de vida una vez hayas dejado la fuerza laboral.

Pero el proceso de estimar la cantidad de dinero que vas a necesitar durante esta última fase de tu vida puede ser bastante difícil.

Para aquellos concentrados en una jubilación anticipada, distintos expertos en planificación financiera sugieren ya sea ahorrar o generar entre el 10 y el 15% de los ingresos, pero por supuesto, eso implica que empieces a ahorrar relativamente temprano en tu carrera.

Es solo una pauta general. Si en cambio has tenido un inicio lento con tu preparación para la jubilación , entonces se recomienda que reserves el 20% o incluso más de tus ingresos para mantener un estilo de vida cómodo y seguro.

La mejor forma de determinar cuánto vas a necesitar para tu jubilación, es que elabores un plan de presupuesto enfocado en este momento de tu vida y que hagas un cálculo básico para saber si ya estás yendo por el buen camino.

Realmente, no hay tal cosa como una respuesta única para la pregunta de cuándo debes ahorrar para tu jubilación. Lo que sí hay, es una regla empírica. Una vez hayas determinado la cantidad con la que crees que podrías vivir durante tu jubilación, multiplícala por 25.

Por ejemplo, si piensas que necesitarás 40,000 dólares al año, una regla empírica dice que necesitará 25 veces esa cantidad, o lo que es lo mismo, 1.000.000 de dólares, para jubilarte cómodamente. Por otro lado, si recibieras $15,000 en beneficios del Seguro Social cada año y una pensión anual de $5,000, entonces solo necesitarías la mitad de los $40,000 cada año de tus ahorros.

Y como solo planeas retirar unos 20,000 dólares cada año, necesitarías entonces unos 500,000 dólares ahorrados para la fecha de su jubilación. En una sección posterior abordaremos esto con mayor detalle.

Aún así, una regla empírica no es lo mismo que una regla en el sentido estricto científico. Lo más importante es que no olvides que las metas de jubilación de cada uno de nosotros son personales, y nadie se ha metido en problemas por ahorrar demasiado dinero y demasiado pronto.

Lo siguiente que debes hacer, es entender cómo funcionan las cuentas de jubilación. Los dos tipos principales de cuentas de jubilación son las patrocinadas por el empleador y las autodirigidas, aunque esto dependerá del país donde residas actualmente y al momento de tu jubilación. Si trabajas de manera independiente el proceso se complica, pero es buena idea que aún así te informes de los procedimientos más tradicionales.

Un plan patrocinado por el empleador se te proporciona en el trabajo, y la forma en que calificas para poder contribuir al plan depende de tu empleador. El tipo de plan de empleador más común es el 401(k). Por lo general, solo podrás contribuir a estos planes mediante deducciones de tu sueldo, no mediante transferencias de dinero. Por supuesto, no hay razón para que no puedas usar el dinero que ya tienes en tu cuenta bancaria para gastos y deducirlo de tu sueldo si es lo que prefieres hacer.

Muchos empleadores "igualarán" algunas de tus contribuciones. Esto quiere decir que si pones una parte de tu sueldo en tus ahorros para la jubilación, ellos pondrán una cantidad similar. Para que te hagas una idea, en los Estados Unidos, en 2013 el límite para las contribuciones individuales a estas cuentas era de 17,500 dólares. La aportación de tu empleador no entra dentro de este límite, mientras que el límite individual aumenta si tienes más de 50 años cumplidos.

Una Cuenta de Jubilación Individual (conocida por las siglas IRA) es aquella que a la que tú contribuyes independientemente de un empleador. El límite en ese mismo año para las contribuciones era de $5500 (o más alto si tienes más de 50 años).

También hay cuentas de jubilación más tradicionales, que son antes de impuestos, es decir, que el dinero contribuido no se grava como ingreso. Sin embargo, el dinero que retires al momento de jubilarte sí será tratado como ingreso en ese año.

Una cuenta de retiro "Roth" es tratada después de impuestos, es decir, el dinero es gravado en el año en que lo ganaste. Y una vez lo retires para tu jubilación, ya no será tratado como ingreso. En ambos casos, los retiros en la jubilación son los que hagas después de haber cumplido los 59.5 años, sin importar si son parciales o completos.

Gastos de jubilación

Si bien ya exploramos una forma de estimar los gastos de jubilación, también existen otras. No olvides que todas estas son suposiciones aproximadas en el mejor de los casos, y no están grabadas en piedra. Una de las reglas más conocidas es que necesitarás alrededor del 80% de la cantidad destinada a tus gastos de jubilación.

Ese porcentaje se basa en el hecho de que algunos de los principales gastos se reducirán en los costos de la jubilación y en las contribuciones al plan de jubilación, por nombrar dos de ellas. Y por ejemplo, otros gastos podrían aumentar, como tus necesidades de atención médica en algún punto.

Muchas personas ya jubiladas han reportado que sus gastos en los primeros años de su jubilación no solo fueron iguales, sino que a veces superaron los gastos que tenían previamente.

Una razón de esto es que muchas personas en esta posición ya tienen más tiempo para salir y gastar su dinero con fines de entretenimiento o recreación.

Es bastante común que los gastos de la gente ya jubilada atraviesen por tres fases distintas:

1. Un mayor gasto temprano;

2. Un gasto moderado durante un largo período después del primero;

3. Mayores gastos cuando estén cerca del final de su vida, debido a gatos de naturaleza médica o de cuidados del adulto mayor largo plazo.

Es decir, que mucha gente jubilada descubre que gasta la mayor cantidad de dinero tanto en los primeros como en los últimos años de su jubilación.

Nivel de vida

Todos sabemos que los futuros gastos no son fáciles de predecir, pero si has trabajado el hábito de llevar un presupuesto, tal vez esto no sea tan difícil para ti. Lo cierto es que, cuanto más cerca estés de la jubilación, más claridad podrás tener de cuánto dinero vas a necesitar para mantener ya sea tu nivel actual de vida o para aspirar a uno distinto.

Si usas eso como base, no olvides restar los gastos que esperas que desaparezcan después de jubilarte (tales como gasolina para el transporte al trabajo), y añade los nuevos gastos que aparezcan (por ejemplo, un mayor consumo eléctrico en casa al estar más tiempo en ella). Esto te dará la cifra aproximada que necesitas para tu planeación.

Si anticipas algún gasto significativo, como la remodelación de tu hogar o un viaje importante, asegúrate de considerarlo dentro de tus estimaciones. Lo mismo aplica para cualquier ahorro relevante, como vender tu casa para mudarte a otra zona de la ciudad que esté más equipada para la vida de los adultos mayores.

Si aún no sabes cuánto necesitas para jubilarte, podrías optar por la regla empírica que sugieren muchos expertos en finanzas y asesores financieros, que es la llamada tasa del retiro sostenible del 4%. En esencia, esa es la cantidad que teóricamente puedes retirar en las buenas y en las malas y aún así esperar que tu cartera de valores dure por lo menos 30 años. Hay que decir que, en la actualidad, no todos los expertos están de acuerdo en que una tasa de retiro del 4% es la óptima, pero la mayoría defiende que esta no debería ser excedida.

Hagamos el siguiente ejercicio para calcular la cantidad de ingresos que vas a necesitar para la jubilación.

Toma tus gastos mensuales estimados (pero procura que sean números realistas) y divídelos entre el 4%. Por ejemplo, si estimas que vas a necesitar 50,000 dólares al año para vivir cómodamente, necesitarás 1.25 millones de dólares (50.000 ÷ 0,04) para tu jubilación.

Tus ingresos actuales con miras a la jubilación

Ahora que tienes una noción más o menos precisa de tus gastos de jubilación, debes evaluar si tus ingresos actuales son suficientes para cubrirlos y asegurar tu calidad de vida. Para ello, suma los ingresos que esperas recibir de tres fuentes clave que ya han sido mencionadas mas no explicadas:

- Beneficios de jubilación del Seguro Social de tu país

- Planes de pensiones de beneficios definidos

- Ahorros para la jubilación

Jubilación del Seguro Social

Si has estado trabajando y pagando al sistema del Seguro Social de tu país durante por lo menos 40 trimestres, o 10 años, puedes obtener una proyección de tus beneficios de jubilación del Seguro Social solicitándolo a la entidad emisora. Cuando más te aproximes a tu jubilación, es más probable que la estimación se acerque a los números reales.

Planes de beneficios definidos

Si eres candidato a una pensión por parte de tu empleador actual o algún empleador previo, el administrador de beneficios del plan puede proporcionarte una estimación de cuánto dinero recibirás cuando llegue el momento de tu jubilación.

Tu resultado final personal

Después de sumarlo todo, si tus ingresos totales de jubilación superan tus gastos previstos en el presupuesto, probablemente ya tengas "suficiente" dinero para una jubilación. Pero por supuesto, nunca está de más tener más dinero.

También debes contemplar los instrumentos de
recimiento, pues los planes de jubilación están
iseñados para crecer durante largos períodos de tiempo.
lgunos ejemplos de estas herramientas o instrumentos
n las acciones y los bienes raíces, que suelen formar el
cleo de las carteras de jubilación más exitosas al menos
ndo están en la fase de crecimiento.

s de vital importancia que al menos una porción de
ahorros de jubilación crezca más rápido que la tasa de
ción. Hacerlo te permite que tu poder adquisitivo
ente conforme pasa el tiempo Por esta razón, incluso
arteras de jubilación que se orientan en gran medida
reservación del capital y la generación de ingresos, a
do mantienen un pequeño porcentaje de
ipaciones en el capital para proporcionar una
ura contra la inflación.

Pero si gracias a tus cálculos todo parece indicar que te quedarás corto, tal vez tengas que hacer algunos ajustes y encontrar formas de reducir tus gastos o aumentar tus ingresos. Por ejemplo, podrías decidirte a trabajar unos años más si tienes esa opción, aumentar la parte de tu salario que destinas a tus contribuciones a los planes de jubilación, adoptar una estrategia de inversión mucho más agresiva, reducir tus gastos no necesarios, e incluso reducir el tamaño de tu hogar por uno más pequeño que no sea tan costoso de mantener.

No olvides que cuanto antes saques cuentas y hagas tus cálculos, más tiempo será el que tengas a tu disposición para hacer que los números trabajen a tu favor.

El fondo de inversión ideal para tu jubilación

Recuerda que tu cartera de inversiones debe ser vista como una canasta que contiene todas las inversiones en tus diversas cuentas de jubilación y de ahorros.

Por supuesto, lo ideal es que tu cartera crezca y se diversifique junto contigo, para que pueda proporcionarte los ingresos que necesitas para vivir tus años posteriores a dejar de trabajar.

Si estás ahorrando para tu jubilación e invirtiendo para la misma, procura que tu cartera tenga las siguientes características clave. Primero, no olvides que tu cartera debe contener todas tus inversiones, aunque estas sean en distintos formatos, como los planes patrocinados por tu empleador, las cuentas tradicionales, las cuentas de corretaje sujetas a impuestos, tu efectivo en cuentas de ahorro y de mercado monetario o en certificados de depósito.

Esas cuentas pueden contener diferentes tipos de activos, entre ellos (pero no limitado a) acciones, bonos, fondos cotizados en bolsa, fondos mutuos, productos básicos, futuros, opciones e incluso bienes raíces. Cuando juntas todos estos activos, tienes tu cartera de inversiones.

Si estás invirtiendo para tu jubilación, sería aquella que satisfaga tus necesi hasta que fallezcas, es decir, que te p vida cómoda y segura desde el mon fuerza laboral.

Tu cartera debe contener sie apropiado entre crecimiento, ingre capital. Sin embargo, la importanc características siempre dependerá al riesgo, tus objetivos de inv temporal que te hayas fijado.

En general, debes enfocar cartera de inversiones hasta edad, y llegado a ese punto, t girar hacia los ingresos y el r

Considerando todo lo anterior, vale la pena recordar que diferentes inversionistas tienen diferentes tolerancias de riesgo, y si tienes la intención de trabajar hasta una edad más avanzada, podrías ser capaz de tomar mayores riesgos con tu dinero. Por lo tanto, la cartera ideal siempre depende en última instancia de ti mismo, y de lo que estés dispuesto a hacer para alcanzar tus objetivos financieros.

Finalmente, se recomienda que no pierdas de vista los errores más cometidos por mucha gente que invierte para su jubilación.

Ignorar en tus inversiones el tema de la jubilación

Podrá sonar muy evidente, pero si no estás haciendo de la jubilación una prioridad, desgraciadamente estarías cometiendo un grave error.

Pero es un sentimiento muy común: si eres una persona joven, la jubilación es algo que se aprecia tan pero tan lejano, que prefieres dejar la planeación para un momento posterior y concentrarte en el presente. Pero esto no es cierto: sin importar tu edad, el momento de empezar es tan pronto como empieces a recibir tus primeros ingresos. Con los incentivos fiscales del momento y los beneficios de invertir a largo plazo, tu dinero crecerá más rápido y cuanto antes empieces. Si por el contrario eres una persona que no se preocupó por eso en el pasado y ya no eres joven, lo importante es que no pierdas más el tiempo e intentes ahorrar e invertir un poco más. Cuando se trata de la jubilación, la ignorancia no te hará feliz ni te brindará estabilidad en el futuro.

No cumplir con tus contribuciones

Si tienes la fortuna de poder acceder a un plan de jubilación que sea igualado por tu empleador, no pierdas nunca de vista que deberías sentirte agradecido y que ignorar este beneficio también es un grave error.

Digamos que tu empleador iguala una parte de tu contribución hasta el 6 por ciento. Eso es como un bono, un aumento, o al fin y al cabo, un dinero extra. Sin importar cómo lo conceptualices, si no estás contribuyendo en este punto, le estás diciendo que no al dinero.

Olvidar tus planes antiguos de jubilación

Imagina que desde tu primer trabajo empezaste a invertir en planes de jubilación. De hecho, no solo tienes uno, sino que tienes ya cinco o seis, uno por cada empleador de cada trabajo que tuviste desde que te graduaste de la universidad. ¡Este es un grave error! Dejar detrás de ti un camino lleno de planes de jubilación no te ayudará a construir tus ahorros para cuando llegue el momento. Es menos probable que prestes atención a tus inversiones, asignación de activos y cuotas, y podrías estar pagando mucho dinero a múltiples fondos que no están agregando ninguna diversidad a tu cartera de inversiones.

En su lugar, se recomienda que transfieras el dinero del antiguo plan a uno nuevo, ya sea el plan de jubilación de tu nuevo empleador o a una cuenta independiente. Si las inversiones en tu nuevo plan son diversas y los honorarios son razonables, no es una mala idea que muevas tu dinero del antiguo plan al nuevo trabajo. Es bueno que tengas todas tus contribuciones en una sola cuenta. Sin embargo, si no cuenta con esta opción, es más fácil que abras una cuenta independiente que te permita mover todos tus planes de jubilación anteriores a una cuenta ya consolidada.

Escoger tus inversiones sin entender lo que estás pagando por ellas

Si eres un inversionista que opera de este modo, estás cometiendo un error. Si prestas atención a tu dinero, no olvides dedicarle la misma atención a los honorarios y costos adicionales. Lo que debes saber es lo siguiente:

Pero si gracias a tus cálculos todo parece indicar que te quedarás corto, tal vez tengas que hacer algunos ajustes y encontrar formas de reducir tus gastos o aumentar tus ingresos. Por ejemplo, podrías decidirte a trabajar unos años más si tienes esa opción, aumentar la parte de tu salario que destinas a tus contribuciones a los planes de jubilación, adoptar una estrategia de inversión mucho más agresiva, reducir tus gastos no necesarios, e incluso reducir el tamaño de tu hogar por uno más pequeño que no sea tan costoso de mantener.

No olvides que cuanto antes saques cuentas y hagas tus cálculos, más tiempo será el que tengas a tu disposición para hacer que los números trabajen a tu favor.

El fondo de inversión ideal para tu jubilación

Recuerda que tu cartera de inversiones debe ser vista como una canasta que contiene todas las inversiones en tus diversas cuentas de jubilación y de ahorros.

Por supuesto, lo ideal es que tu cartera crezca y se diversifique junto contigo, para que pueda proporcionarte los ingresos que necesitas para vivir tus años posteriores a dejar de trabajar.

Si estás ahorrando para tu jubilación e invirtiendo para la misma, procura que tu cartera tenga las siguientes características clave. Primero, no olvides que tu cartera debe contener todas tus inversiones, aunque estas sean en distintos formatos, como los planes patrocinados por tu empleador, las cuentas tradicionales, las cuentas de corretaje sujetas a impuestos, tu efectivo en cuentas de ahorro y de mercado monetario o en certificados de depósito.

Esas cuentas pueden contener diferentes tipos de activos, entre ellos (pero no limitado a) acciones, bonos, fondos cotizados en bolsa, fondos mutuos, productos básicos, futuros, opciones e incluso bienes raíces. Cuando juntas todos estos activos, tienes tu cartera de inversiones.

Si estás invirtiendo para tu jubilación, una cartera ideal sería aquella que satisfaga tus necesidades financieras hasta que fallezcas, es decir, que te permitiría vivir una vida cómoda y segura desde el momento que dejas la fuerza laboral.

Tu cartera debe contener siempre un equilibrio apropiado entre crecimiento, ingresos y preservación de capital. Sin embargo, la importancia de cada una de estas características siempre dependerá de tu propia tolerancia al riesgo, tus objetivos de inversión, y el horizonte temporal que te hayas fijado.

En general, debes enfocar tus esfuerzos a crecer tu cartera de inversiones hasta que llegues a la mediana edad, y llegado a ese punto, tus metas financieras podrían girar hacia los ingresos y el menor riesgo posible.

También debes contemplar los instrumentos de crecimiento, pues los planes de jubilación están diseñados para crecer durante largos períodos de tiempo. Algunos ejemplos de estas herramientas o instrumentos son las acciones y los bienes raíces, que suelen formar el núcleo de las carteras de jubilación más exitosas al menos cuando están en la fase de crecimiento.

Es de vital importancia que al menos una porción de tus ahorros de jubilación crezca más rápido que la tasa de inflación. Hacerlo te permite que tu poder adquisitivo aumente conforme pasa el tiempo Por esta razón, incluso las carteras de jubilación que se orientan en gran medida a la preservación del capital y la generación de ingresos, a menudo mantienen un pequeño porcentaje de participaciones en el capital para proporcionar una cobertura contra la inflación.

- Ahorros para la jubilación

Jubilación del Seguro Social

Si has estado trabajando y pagando al sistema del Seguro Social de tu país durante por lo menos 40 trimestres, o 10 años, puedes obtener una proyección de tus beneficios de jubilación del Seguro Social solicitándolo a la entidad emisora. Cuando más te aproximes a tu jubilación, es más probable que la estimación se acerque a los números reales.

Planes de beneficios definidos

Si eres candidato a una pensión por parte de tu empleador actual o algún empleador previo, el administrador de beneficios del plan puede proporcionarte una estimación de cuánto dinero recibirás cuando llegue el momento de tu jubilación.

Tu resultado final personal

Después de sumarlo todo, si tus ingresos totales de jubilación superan tus gastos previstos en el presupuesto, probablemente ya tengas "suficiente" dinero para una jubilación. Pero por supuesto, nunca está de más tener más dinero.

Considerando todo lo anterior, vale la pena recordar que diferentes inversionistas tienen diferentes tolerancias de riesgo, y si tienes la intención de trabajar hasta una edad más avanzada, podrías ser capaz de tomar mayores riesgos con tu dinero. Por lo tanto, la cartera ideal siempre depende en última instancia de ti mismo, y de lo que estés dispuesto a hacer para alcanzar tus objetivos financieros.

Finalmente, se recomienda que no pierdas de vista los errores más cometidos por mucha gente que invierte para su jubilación.

Ignorar en tus inversiones el tema de la jubilación

Podrá sonar muy evidente, pero si no estás haciendo de la jubilación una prioridad, desgraciadamente estarías cometiendo un grave error.

Pero es un sentimiento muy común: si eres una persona joven, la jubilación es algo que se aprecia tan pero tan lejano, que prefieres dejar la planeación para un momento posterior y concentrarte en el presente. Pero esto no es cierto: sin importar tu edad, el momento de empezar es tan pronto como empieces a recibir tus primeros ingresos. Con los incentivos fiscales del momento y los beneficios de invertir a largo plazo, tu dinero crecerá más rápido y cuanto antes empieces. Si por el contrario eres una persona que no se preocupó por eso en el pasado y ya no eres joven, lo importante es que no pierdas más el tiempo e intentes ahorrar e invertir un poco más. Cuando se trata de la jubilación, la ignorancia no te hará feliz ni te brindará estabilidad en el futuro.

No cumplir con tus contribuciones

Si tienes la fortuna de poder acceder a un plan de jubilación que sea igualado por tu empleador, no pierdas nunca de vista que deberías sentirte agradecido y que ignorar este beneficio también es un grave error.

Digamos que tu empleador iguala una parte de tu contribución hasta el 6 por ciento. Eso es como un bono, un aumento, o al fin y al cabo, un dinero extra. Sin importar cómo lo conceptualices, si no estás contribuyendo en este punto, le estás diciendo que no al dinero.

Olvidar tus planes antiguos de jubilación

Imagina que desde tu primer trabajo empezaste a invertir en planes de jubilación. De hecho, no solo tienes uno, sino que tienes ya cinco o seis, uno por cada empleador de cada trabajo que tuviste desde que te graduaste de la universidad. ¡Este es un grave error! Dejar detrás de ti un camino lleno de planes de jubilación no te ayudará a construir tus ahorros para cuando llegue el momento. Es menos probable que prestes atención a tus inversiones, asignación de activos y cuotas, y podrías estar pagando mucho dinero a múltiples fondos que no están agregando ninguna diversidad a tu cartera de inversiones.

En su lugar, se recomienda que transfieras el dinero del antiguo plan a uno nuevo, ya sea el plan de jubilación de tu nuevo empleador o a una cuenta independiente. Si las inversiones en tu nuevo plan son diversas y los honorarios son razonables, no es una mala idea que muevas tu dinero del antiguo plan al nuevo trabajo. Es bueno que tengas todas tus contribuciones en una sola cuenta. Sin embargo, si no cuenta con esta opción, es más fácil que abras una cuenta independiente que te permita mover todos tus planes de jubilación anteriores a una cuenta ya consolidada.

Escoger tus inversiones sin entender lo que estás pagando por ellas

Si eres un inversionista que opera de este modo, estás cometiendo un error. Si prestas atención a tu dinero, no olvides dedicarle la misma atención a los honorarios y costos adicionales. Lo que debes saber es lo siguiente:

- Hay muchos grandes fondos de inversión que se venden sin comisiones o tarifas adicionales. Procura elegir sabiamente.

- Con un fondo mutuo, las comisiones se calculan como un porcentaje de tus activos en el fondo. Se llama proporción de gastos, y lo ideal es que sea inferior al 1 por ciento (cuanto más bajo sea, mejor).

- Por lo general, los fondos más caros se gestionan activamente, lo que significa que alguien escoge las inversiones del fondo de acuerdo con su propio análisis e investigación. Lo opuesto a la gestión activa es la indexación. Un fondo indexado invierte en un grupo selecto de empresas que representan una porción del mercado. Los fondos indexados son baratos y tienden a tener un rendimiento igual o superior al de los fondos gestionados activamente. En la mayoría de los casos, se puede optar por la opción indexada.

Sacar el dinero antes de tiempo

Puede que a lo largo de los años hayas tomado muy buenas decisiones con respecto a tu plan de jubilación, pero lo cierto es que, si retiras tu dinero antes de tiempo, es decir, antes de alcanzar la edad de jubilación requerida para tomar tus contribuciones, perderás gran parte por los impuestos y posibles multas de hacer este movimiento. Aunado a ello, perderás cualquier crecimiento o aumento que tu dinero podría continuar generando. Y eso es un grave error.

Algunas palabras de advertencia al respecto

Sé consciente de que puede ser muy tentador recurrir a ese dinero destinado a tu jubilación para pagar el anticipo de tu nueva casa, para pagar tus deudas médicas recién adquiridas por una emergencia, o para superar algún período largo de desempleo. Muchos hemos estado en esa posición y sabemos lo tentador que es.

Pero tienes que decidir e insistir en que el fondo de jubilación está fuera de los límites de gasto presente. Así es como se construye la riqueza. Un préstamo del plan es una opción que podrías considerar si verdaderamente no tienes otra forma de superar una emergencia financiera, pero ten en cuenta que ese movimiento podría conllevar muchos riesgos. El mejor consejo que puedo darte es que consideres tu dinero invertido en la jubilación como una especie de herencia a la que no podrás tener acceso sino hasta que hayas cumplido al menos los 59.5 años.

Conclusión

Años recientes nos han demostrado que el ciudadano promedio puede verse fuertemente afectado por todo tipo de crisis y contingencias. Desgraciadamente, no se nos enseña en la escuela ni en nuestras familias a planear nuestro bienestar y futuro financiero. La seguridad financiera no es muy común, y para muchas personas que no nacieron en riqueza, la mejor manera de alcanzarla es ahorrando e invirtiendo su dinero.

Por supuesto, nunca estará garantizado que puedas generar dinero con tus inversiones, pero si cuentas con la información correcta y entiendes cómo funcionan estas operaciones, podrás elaborar planes y estrategias que eventualmente conducirán a tu seguridad financiera. Cuando menos te des cuenta, estarás cosechando tus ganancias y los beneficios de saber administrar tu dinero.

Vale la pena reiterar que la inversión es un movimiento financiero que es clave para el funcionamiento económico del mundo. Las empresas dependen de las inversiones, así como muchos de los avances científicos y tecnológicos que nos permiten tener vidas cómodas y tranquilas. El proceso puede ser tan interesante y sencillo como tú quieras que lo sea. Si eres capaz de ahorrar desde hoy cierto dinero al mes y destinarlo a tus inversiones, con el paso del tiempo verás cómo aumenta tu capital sin tener que hacer demasiado esfuerzo. Quién sabe, tal vez descubras que tienes vocación como inversionista y puedas ofrecer tus servicios de experto una vez logres poner tus propias finanzas en orden.

Invertir es también una decisión deliberada que debe ser resultado de un proceso largo de ponderación, pues así como puede generarte ganancias que cambien tu vida, también puede producir pérdidas que la arruinen.

No olvides investigar ampliamente cada activo en el que estés interesado en invertir, y sé consciente de todos los riesgos que estén a su alrededor.

Recuerda también la diferencia entre invertir y ahorrar. Muchas veces, sufrimos la llamada parálisis del análisis y el miedo a la inversión nos hacen guardar todo nuestro dinero en cuentas que no nos ofrecen ningún rendimiento y que de hecho se ven sujetas a los movimientos de la inflación. Piénsalo en términos de seguridad a cambio de ganancia.

Ahora que has terminado de leer esta guía, te aliento a que continúes aprendiendo y ampliando tu educación financiera.

Un siguiente paso sería que investigues a detalle los tipos de activos en los que estás interesado en invertir, y que analices su desempeño en los mercados actuales.

¡Gracias y buena suerte en tus inversiones!

CPSIA information can be obtained
at www.ICGtesting.com
Printed in the USA
LVHW081159260820
663959LV00062B/783